LOGÍSTICA REVERSA AUTOMOTIVA

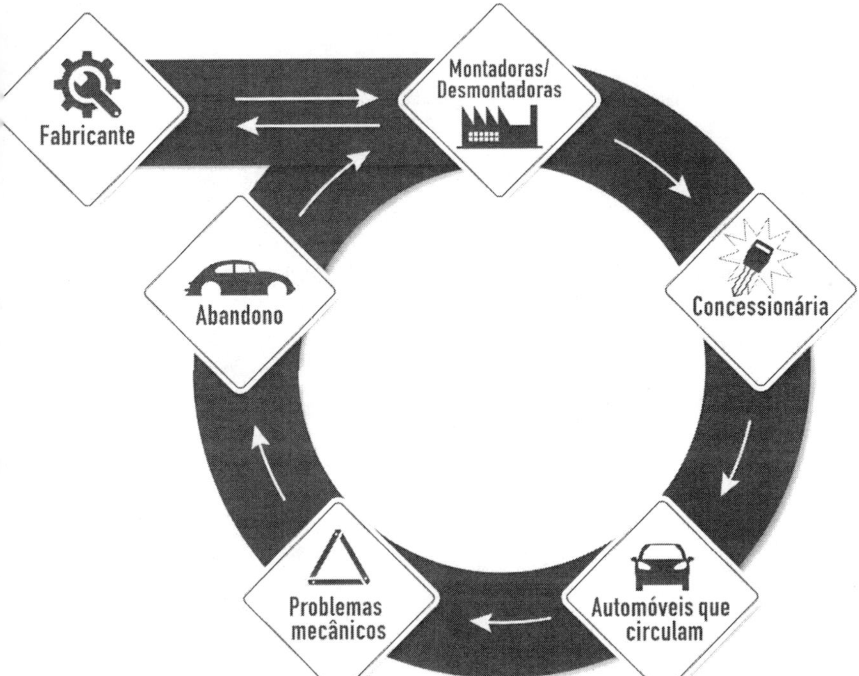

CIP-BRASIL. CATALOGAÇÃO NA PUBLICAÇÃO
SINDICATO NACIONAL DOS EDITORES DE LIVROS, RJ

B218L

Barcellos, Cid Pavão, 1957-
Logística reversa automotiva : integração ao Mercosul / Cid Pavão Barcellos. – 1. ed. – São Paulo : Letras Jurídicas, 2021.
192 p. ; 21 cm.

Inclui bibliografia
ISBN 9788582481752

Direito ambiental – Brasil. 2. Logística empresarial. 3. Administração de material. 4. Indústria de reciclagem. 5. Resíduos industriais. I. Título.

19-59799 CDD: 349.6(81)

Leandra Felix da Cruz – Bibliotecária – CRB-7/6135

11/09/2020 18/09/2020

CID PAVÃO BARCELLOS

LOGÍSTICA REVERSA AUTOMOTIVA

2ª EDIÇÃO • 2022 • SÃO PAULO • SP

LETRAS Jurídicas

Projeto gráfico e montagem da capa Rita Motta – www.editoratribo.blogspot.com
Diagramação Studio 3
Revisão Paulo Maretti
Editor Cláudio P. Freire

2ª edição – 2022 – SÃO PAULO-SP

LETRAS Jurídicas

LETRAS JURÍDICAS
Rua Eduardo Prado, 28, Casa 1 – Vila Bocaina.
CEP 09310-500 – Mauá-SP
Telefone/Fax (11) 3107-6501 – Celular (11) 9-9352-5354
Site: www.letrasjuridicas.com.br
E-mail: vendas@letrasjuridicas.com.br

Impresso no Brasil

Dedico este trabalho:

Ao meu pai Mário Barcellos,
homem guerreiro, que não mediu esforços para oferecer aos seus filhos ensinamentos, diálogos, ética e palavras de otimismo.
À minha mãe Elza Pavão Barcellos,
por me ouvir, pelo apoio e palavras de carinho.
À minha esposa Monica,
pelo estímulo e apoio sem medida nesta empreitada, com quem compartilho a conquista deste trabalho.
Aos meus filhos Vivian, Camila, João e Gabriel,
amigos e companheiros, razão de todo o meu viver.
À memória de meu irmão Sidney,
pelo direcionamento ao longo da vida
e por tudo que me ensinou.

AGRADECIMENTOS

Registro meus sinceros agradecimentos aos que estiveram presentes ao longo da minha caminhada.

Alberto Yassunori Okamura
Alfredo da Silva Sampaio Junior
André Cantergiani Panazzolo
Antonio Deolindo de Souza
Cláudio Simões Furquim Leite Júnior
Dionysio Antico Malheiro
Geovani Numes Barroso
Hélio Duarte Neves – *in memoriam*
Jair Celso Calvo
João Carlos Toledo
João Marcos Alencar Barros Costa Monteiro
José Alberto Cosentino Filho
José Alceu Siqueira Vieira
José Oscar Kluppel Teixeira
José Seráfico de Sousa Nóbrega
José Vitor Ribeiro – *in memoriam*
Mauro Otavio Nacif
Paulo Henrique de Giovanni
Randolpho Cruz de Vasconcellos
Sergio Alves da Silva – *in memoriam*

APRESENTAÇÃO DA OBRA

POLÍTICA NACIONAL DE RESÍDUO SÓLIDOS LOGÍSTICA REVERSA - AUTOMOTIVA

A Lei 12.305 de 02 de agosto de 2010, instituiu a Política Nacional de Resíduos Sólidos; alterando a Lei nº 9.605, de 12 de fevereiro de 1998; e dando outras providências e o Decreto nº 7.404 de 23 de dezembro de 2010 regulamentou a Lei nº 12.305/2010 e criou o Comitê Interministerial da Política Nacional de Resíduos Sólidos e o Comitê Orientador para a Implantação dos Sistemas de Logística Reversa; dando outras providências.

Aplicando o conceito da Logística Reversa na indústria Automotiva - quem monta, deve desmontar, surge o conceito da "desmontadora" veicular, atribuindo responsabilidade compartilhada pelo ciclo de vida do produto às montadoras e dando acesso à peças de reuso com garantia e procedência.

A Logística Reversa Automotiva possibilita o reuso, manufatura e reciclagem de veículos em fim de vida e contribui para a preservação do meio ambiente à medida que retira, principalmente dos espaços públicos e privados veículos deteriorados que provocam problemas ambientais.

Essa prática somente tem sido efetiva nos países em que leis específicas para essa atividade foram aprovadas e postas em execução por meio de políticas públicas.

Somente com empenho, agregando o conjunto de informações observadas em toda parte do planeta, pode-se resolver esse grande desafio ao meio ambiente que é: o *resíduo* gerado pelo progresso tecnológico e produtivo da sociedade moderna.

O Autor

PREFÁCIO

Temos presenciado no contexto global desastres ambientais com extensas áreas degradadas, sob a falha da fiscalização, apesar de haver extensa legislação ambiental. A lei é aplicada após o fato ocorrido e sua reparação deixa a desejar. Antecedente ao fato existe o controle através de inúmeras normas, que falham também. Diante disso, a sociedade deve exercer um controle maior sobre as instituições responsáveis, fiscalizando tais normas. Uma educação eficiente em todos os níveis seria fundamental para se formar um cidadão fiscal do meio ambiente.

Nas últimas décadas foi presenciada uma crescente preocupação com a preservação ambiental em todo o mundo e inúmeras ações de empresas, de organizações não governamentais, da sociedade civil e de governos, foram implementadas, no sentido de conscientizar a população sobre a importância do meio ambiente e passar a entendê-lo como um bem social e de responsabilidade de todos.

Nesse contexto que, no Brasil, a Lei 12.305/2010, instituiu a Política Nacional de Resíduos Sólidos.

Na abordagem do autor, a Logística Reversa surge como alternativa para que a indústria automobilística – uma das maiores do mundo – venha a repensar suas práticas produtivas, contribuindo para uma melhor preservação ambiental.

A criação de desmontadoras, sustentada pelo autor, dando destino a todos os componentes da construção veicular, pode contribuir para a preservação do meio ambiente.

São Paulo, 26 de agosto de 2020.

Luiz Antônio Nunes
Leciona Direito Processual na FADITU,
Mestre em Direito Processual pela PUC/SP,
Procurador de Justiça do Ministério Público
do Estado de São Paulo, Advogado.

EPÍGRAFE

> "Todos têm direito ao meio ambiente ecologicamente equilibrado, bem de uso comum do povo e essencial à sadia qualidade de vida, impondo-se ao Poder Público e à coletividade o dever de defendê-lo e preservá-lo para as presentes e futuras gerações." Art. 225, da Constituição Federal.

O direito constitucionalmente assegura a todos um meio ambiente ecologicamente equilibrado e impõe ao Estado e à coletividade o dever de defender e preservar a natureza e os recursos naturais para as presentes e futuras gerações, o que exige a tomada de providências em razão da atual situação do descarte inadvertido de resíduos automotivos.

Considerando que o Brasil é o sexto maior mercado do mundo de veículos automotivos, e que quase a totalidade de veículos termina em desmanches e depósitos, sem que seja dada uma correta destinação, a presente pesquisa pretende discutir o descarte desses resíduos no Brasil, e analisar qual seria a sua destinação adequada em face à preservação do meio ambiente após a vida útil do veículo automotor.

A aplicação da logística reversa, retornando o veiculo à montadora, para que seja feita sua desmontagem, reaproveitamento e destinação adequada ao resíduo, se demostrar uma possibilidade bastante plausível, embora desafiadora seja a sua implementação.

SUMÁRIO

Parte II | LOGÍSTICA REVERSA

INTRODUÇÃO

Diante de uma análise histórica, é possível verificar que o homem interferiu diretamente no meio ambiente, usufruindo de forma ilimitada dos recursos naturais. Tal uso indiscriminado dos recursos gerou consequências irreversíveis para o meio ambiente, como a perda de informações importantes sobre a biodiversidade, a escassez de recursos naturais, bem como o acúmulo de dejetos durante toda a existência humana, que vem ocupando um grande espaço no planeta.

A Revolução Industrial, no século XIX, foi um dos grandes marcos do desenvolvimento econômico. Todavia, ainda não existia uma real preocupação com a questão ambiental, o que levou à depredação dos recursos naturais, que eram considerados matéria-prima barata na época.

O século XX foi marcado pela concentração da população nas cidades, o crescimento do nível econômico, a produção intensiva de bens de consumo e o descarte precoce dos bens usados.

Assim, não havia uma consciência ambiental, os recursos naturais, renováveis ou não, eram utilizados sem nenhuma responsabilidade, gerando resíduos de todos os tipos, de forma descontrolada.

Isso porque havia um interesse maior em relação à evolução e ao crescimento econômico e social em detrimento da questão ambiental.

A preocupação ambiental tem como símbolo a Conferência das Nações Unidas sobre o Meio Ambiente, em Estocolmo. Nesse evento iniciou-se o pensamento a respeito de uma educação ambiental global, visando à preservação do meio ambiente para as gerações futuras.

Ademais, a Conferência de Estocolmo trouxe uma resposta à busca pelo equilíbrio entre o desenvolvimento econômico e a preservação do meio ambiente: a sustentabilidade.

A partir da conscientização da escassez e importância do meio ambiente, a população mundial passou a compreender a imprescindibilidade da utilização responsável dos recursos naturais.

Dessa forma, surgiu a necessidade da criação de normas capazes de regular e fiscalizar as atividades econômicas. Tendo como base o princípio do desenvolvimento sustentável, as normas deveriam buscar a redução da retirada de recursos naturais ao mínimo necessário, a preservação das informações sobre a biodiversidade e a gestão dos resíduos já existentes.

O tema *Logística Reversa* atualmente é bastante controverso e discutido porquanto sinaliza um possível encaminhamento para o problema do desenvolvimento sustentável e da preservação do meio ambiente. O desenvolvimento sustentável está atrelado à ideia de não esgotar os recursos para o futuro, permitindo às futuras gerações ter acesso aos recursos naturais, assim como hoje ocorre, para o que são necessários o desenvolvimento e o planejamento da reversão desses recursos, bem como que seja reconhecido que sua vida útil possui um fim.

Pesquisas científicas na área ambiental apontam para a impossibilidade de os países realizarem a reposição dos recursos naturais retirados e utilizados pelo homem. Apontam ainda para a necessidade de tomada de providências quanto à eliminação ou descarte daquilo que – depois da transformação e do uso humanos – resta do processo produtivo.

Começa a ficar patente que a natureza não suporta mais a retirada de seus recursos, e tampouco o recebimento do resíduo do processo produtivo: é preciso recriar mecanismos para que ela possa "respirar" e repor o que for necessário.

Diante dessa diversidade de atividades do homem, e do dever estatal e social que busca proporcionar a todos um ambiente ecologicamente equilibrado, e na contrapartida, diante das atividades nocivas ao meio ambiente desenvolvidas dia a dia em nome do desenvolvimento tecnológico, esta pesquisa pretende analisar e discutir o descarte dos resíduos automotivos no Brasil, tendo em vista a aplicação da logística reversa automotiva.

Isso se justifica em razão de ser o país o sexto maior mercado do mundo em veículos automotivos, tendo produzido, em 2014, mais de três milhões de veículos. A frota brasileira de carros tem idade média de 12 anos e a situação dos caminhões é ainda mais preocupante, com idade média de 23 anos. O destino final desses veículos são, em sua totalidade, depósitos e desmanches.

O foco da questão é não haver uma legislação ou um programa que indique o que será feito com os veículos usados, o que traz à tona a urgente necessidade de criação de uma regulamentação sobre o descarte ambientalmente adequado dos veículos automotivos.

Necessário explicitar que a correta manipulação de resíduos do processo produtivo ou da cadeia de consumo – fazendo com que sejam reciclados ou reaproveitados – possibilita a criação de novas matérias-primas desses produtos já utilizados algum dia, e dessa forma minimiza os impactos sobre a natureza.

Parte I

DIREITO AMBIENTAL

Conceito de Direito Ambiental

O Direito Ambiental surge com a preocupação em relação ao presente e ao futuro do meio ambiente, visando garantir às próximas gerações uma vida digna, em concordância com o princípio da dignidade da pessoa humana, intrínseco ao ser humano. Ainda, busca assegurar o direito à vida, que está diretamente ligado ao meio ambiente saudável e equilibrado. Um ramo atual do Direito, pertencente à terceira geração, século XX, na qual surgiu uma real preocupação relativa à preservação e proteção do meio ambiente, e, consequentemente, do gênero humano.

O direito Ambiental ainda tem um longo caminho evolutivo a ser trilhado, cabendo a nós, estudiosos, conceituá-lo. De acordo com Machado:

> O Direito Ambiental é um Direito sistematizador, que faz a articulação da legislação, da doutrina e da jurisprudência concernentes aos elementos que integram o ambiente. Procura evitar o isolamento dos temas ambientais e sua abordagem antagônica. Não se trata mais de construir um Direito das águas, um Direito da atmosfera, um Direito do solo, um Direito florestal, um Direito da fauna ou um Direito da biodiversidade. O direito ambiental não ignora o que cada matéria tem de específico, mas busca interligar estes temas com a argamassa da identidade dos instrumentos ju-

> rídicos de prevenção e de reparação, de informação, de monitoramento e de participação.[1]

Dessa forma, o Direito Ambiental visa integrar todas as áreas relativas ao meio ambiente em sentido amplo, para que haja a sua máxima proteção. Para tanto, utiliza-se de instrumentos jurídicos de prevenção, reparação, conscientização, fiscalização e punição para alcançar seu objetivo. Em concordância, segue o entendimento de Figueiredo:

> Hoje, o Direito ambiental, mais do que meramente disciplinar o comportamento relacionado ao meio ambiente, estuda as normas e os princípios que regulam a proteção do ambiente natural e de ambientes construídos ou artificiais, como o são o meio ambiente urbano, o meio ambiente do trabalho e o meio ambiente cultural.[2]

Já para Granziera, o Direito Ambiental

> constitui o conjunto de regras jurídicas de direito público que norteiam as atividades humanas, ora impondo limites, ora induzindo comportamentos por meio de instrumentos econômicos, com o objetivo de garantir que essas atividades não causem danos ao meio ambiente, impondo-se a responsabilização e as consequentes penalidades aos transgressores dessas normas[3].

Posto isso, podemos concluir que o Direito Ambiental é um conjunto de normas e princípios que visa regular as atividades humanas para que haja o mínimo dano ao meio ambiente, em equilíbrio com o desenvolvimento econômico e social.

Trata-se de um ramo do Direito que objetiva a conscientização da população sobre a relevância do meio ambiente e da escassez dos recursos existentes, bem como a prevenção de futuros danos, e a reparação, diante do possível, dos danos já causados.

Além disso, preocupa-se com a fiscalização das atividades, econômicas ou não, que interferem no meio ambiente, para que

---

1. MACHADO, 2010, p. 54-55.
2. FIGUEIREDO, 2013, p. 71.
3. GRANZIERA, 2009, p. 6.

sejam respeitados os princípios e as normas ambientais, e, caso ocorra o contrário, que os agentes sofram as devidas punições.

Breve histórico sobre Direito Ambiental

Apesar de existirem manifestações anteriores em relação ao tema, a preocupação com o meio ambiente tem como marco a Conferência das Nações Unidas sobre o Meio Ambiente, também conhecida como Conferência de Estocolmo[4], realizada em 1972, na qual diversos países se reuniram para discutir a questão ambiental.

O resultado do evento foi a Declaração sobre o Meio Ambiente Humano, que definiu critérios e princípios comuns que deveriam ser utilizados como parâmetros mundiais com o intuito de se alcançar a preservação e a melhoria do meio ambiente humano. Segundo o referido documento:

> A defesa e o melhoramento do meio ambiente humano para as gerações presentes e futuras se converteu na meta imperiosa da humanidade, que se deve perseguir, ao mesmo tempo em que se mantêm as metas fundamentais já estabelecidas, da paz e do desenvolvimento econômico e social em todo o mundo, e em conformidade com elas.

Apesar de não utilizar o termo expresso, a Conferência de Estocolmo nitidamente tinha a sustentabilidade como uma de suas metas, pois buscava o equilíbrio entre o desenvolvimento econômico e social e a preservação do meio ambiente para todas as gerações.

Outro marco histórico importante foi o relatório Nosso Futuro Comum[5], que definiu o conceito de desenvolvimento sustentável como sendo aquele que atende "as necessidades do presente sem comprometer a capacidade de as gerações futuras atenderem também às suas".

---

4. A conferência contou com representantes de 113 países (o Brasil estava entre eles) e mais de 400 instituições governamentais e não governamentais.

5. Liderado pela médica Gro Harlem Brundtland, que presidiu a Comissão Mundial sobre o Meio Ambiente e Desenvolvimento, o relatório ficou pronto em 1987. Também conhecido como Relatório Brundtland.

O relatório realizou diversas audiências públicas em países com diferentes níveis de desenvolvimento, onde foram tratados temas como pobreza, população, recursos, desenvolvimento sustentável, ecossistema, economia, energia, paz, segurança, entre outros. Dessa forma, após a realização das audiências e o colhimento de informações preciosas, o documento foi formulado, propondo:

I – estratégias ambientais a longo prazo, que visassem alcançar o desenvolvimento sustentável;
II – recomendações sobre meios de cooperação entre países de diferentes níveis de desenvolvimento econômico e social, para que houvesse uma maior inter-relação de pessoas, recursos, meio ambiente e desenvolvimento;
III – meios eficientes de lidar com as questões ambientais; e
IV – a definição de metas e diretrizes comuns para que fossem tratados com êxito problemas relacionados à proteção e melhoria do meio ambiente.

Outro evento que corroborou com a história do Direito Ambiental foi a Conferência das Nações Unidas sobre o Meio Ambiente e Desenvolvimento, a Eco-92, realizada em 1992, na cidade do Rio de Janeiro, Brasil. O evento reuniu diversos países que formaram a Cúpula da Terra.

O resultado dessa reunião foi a Agenda 21, que estipulou metas e diretrizes direcionadas a todos os países do globo, que tratavam de diversas questões relacionadas ao meio ambiente e ao desenvolvimento. O documento foi dividido em quatro seções, quais sejam:

I – dimensões sociais e econômicas;
II – conservação e gestão dos recursos para o desenvolvimento;
III – ortalecimento do papel dos grupos principais;
IV – meios de implementação.

Essa divisão possibilitou a indicação de um grande número de temas de alta relevância, com especial atenção à conservação e gestão dos recursos. Ainda, demonstrou quais seriam os papéis dos grupos principais (mulheres, crianças e jovens, povos indígenas, organizações não governamentais, autoridades locais, trabalhadores e sindicatos, comércio e indústria, a comunidade científica e tecnológica e agricultores) nesse processo e os possíveis meios para se alcançar os objetivos. De acordo com Milaré, a Agenda 21

> apela fortemente para a conscientização dos Poderes Públicos e da sociedade, no sentido de criarem ou aperfeiçoarem o ordenamento jurídico necessário à gestão ambiental num cenário de desenvolvimento sustentável.[6]

A Agenda 21, portanto, é um documento que busca uma ação conjunta da sociedade e dos Estados, na formulação de normas eficazes, que respeitem o princípio do desenvolvimento sustentável.

Em sua apresentação, a Agenda aponta que os esforços não devem ser só dos Estados, pois é necessária uma mudança de valores, modelos produtivos e padrões de consumo.

Essa mudança seria uma verdadeira revolução cultural, pois as pessoas precisam ter a consciência de que a causa não é apenas ambiental, mas engloba também temas como a erradicação da pobreza, a defesa dos direitos humanos e a paz global.

Cabe ressaltar que a Agenda 21 objetiva a cooperação entre os países para que a proteção seja global, pois, caso contrário, as áreas afetadas prejudicarão todo o resto do planeta.

Outro ponto que merece destaque é o Protocolo de Kyoto[7], que nada mais é do que um tratado entre diversos países signatários que têm como objetivo a redução dos gases causadores do efeito estufa, diante da preocupação em relação ao aquecimento global.

Os países industrializados que assinaram o acordo tinham o compromisso de reduzir em 5,2% a emissão de gases poluentes no período de 2008 a 2012, em relação ao ano de 1998.

Por fim, é necessário registrar a importância da Conferência das Nações Unidas sobre Desenvolvimento Sustentável, a Rio+20,[8]

---

6. MILARÉ, 2009, p. 93.

7. O Protocolo de Kyoto foi discutido em 1997, no Japão, mas só entrou em vigor em 2005 depois da ratificação de 55 países.

8. Realizada entre os dias 13 e 22 de junho de 2012, o objetivo da conferência foi renovar o compromisso político com o desenvolvimento sustentável.

que aconteceu em junho de 2012, na cidade do Rio de Janeiro, Brasil, 20 anos após a realização da Eco-92.

A Conferência reuniu Chefes de Estado e de Governo de diversos países, que ao final compilaram o documento O Futuro que Queremos, onde estabeleceram os objetivos almejados, quais sejam:

I – a erradicação da pobreza;
II – a renovação do compromisso em relação ao desenvolvimento sustentável, através de uma economia verde;
III – a cooperação dos Estados para suprir as lacunas de implementação dos objetivos anteriormente estipulados; e
IV – maior integração entre os pilares do desenvolvimento sustentável (econômico, social e ambiental).

Outro ponto que merece destaque é a influência de formadores de opinião, como a Igreja Católica, que através do Papa Francisco, declarou seu posicionamento quanto à questão ambiental. O Papa afirmou, em encíclica por ele formulada, que

> tendo em conta que o ser humano também é uma criatura deste mundo, que tem direito a viver e ser feliz e, além disso, possui uma dignidade especial, não podemos deixar de considerar os efeitos da degradação ambiental, do modelo atual de desenvolvimento e da cultura do descarte sobre a vida das pessoas.

O atual Bispo de Roma ainda tratou de vários temas relevantes, como a poluição, as mudanças climáticas, a questão da água, a perda da biodiversidade e, conforme trecho supracitado, a deterioração da qualidade de vida humana e degradação social. Relacionou, ainda, a degradação do meio ambiente com a deterioração da qualidade de vida, já que o meio em que vivemos é nossa casa, portanto é essencial para a nossa sobrevivência.

A influência da religião, a exemplo da católica, tem um grande papel na formação da conscientização global sobre a necessidade de proteção e preservação do meio ambiente, para que seja possível a igual utilização dos recursos, não só entre as gerações, mas também entre os países e suas regiões.

Ainda destacou a cultura do descarte, já que com o crescimento irracional dos meios de desenvolvimento econômico e das cidades, as pessoas passaram a não dar o devido valor ao meio ambiente e aos seus recursos, produzindo poluição de todos os tipos e consumindo água e energia sem o racionamento devido.

Posto isso, resta claro que os Estados e a população global têm uma crescente preocupação com a questão ambiental, tendo em vista os documentos, tratados e convenções sobre o tema, que direcionam os países na criação de leis e metas relacionadas à preservação e proteção do meio ambiente.

Todavia, apesar disso, muitos países ainda não são signatários ou não possuem leis efetivas para combater a destruição crescente e a poluição do meio ambiente, que é comum a todos.

Assim, o Direito Ambiental ainda tem muito a evoluir, para que sejam alcançadas as metas e diretrizes já impostas e para que novas soluções sejam pensadas para os problemas ambientais existentes e os que estão por vir.

O Direito Ambiental no Brasil: Meio Ambiente e a Constituição

As Constituições Federais[9] brasileiras anteriores à Constituição Federal brasileira de 1988 não tinham um tratamento abrangente e protetivo em relação ao meio ambiente, nem sobre as atividades econômicas que utilizavam os recursos naturais. Assim, não havia uma preocupação com a sustentabilidade, apenas com o desenvolvimento econômico e social.

A Constituição de 1988 é a primeira que tem uma preocupação quanto ao desenvolvimento sustentável, buscando um equilíbrio entre o desenvolvimento econômico e social e a proteção do meio ambiente, bem de todos, que é fundamental para que o direito à sadia qualidade de vida seja exercido, conforme disposto na própria Carta Magna. Em concordância ao exposto, Antunes nos ensina que

---

9. O Brasil, desde a sua independência, teve sete Constituições: em 1824, 1891, 1934, 1937, 1946, 1967 e 1988.

> a Lei Fundamental reconhece que os problemas ambientais são de vital importância para a nossa sociedade, seja porque são necessários para a atividade econômica, seja porque considera a preservação de valores cuja mensuração é extremamente complexa. (...) A norma constitucional ambiental é parte integrante de um complexo mais amplo e podemos dizer, sem risco de errar, que ela faz a interseção entre as normas de natureza econômica e aquelas destinadas à proteção dos direitos individuais.[10]

Dessa forma, a Constituição Federal de 1988 foi um grande avanço para o Direito Ambiental pátrio, pois deu o devido tratamento ao meio ambiente, que passou a ser considerado direito fundamental. Ademais, diante da relevância da matéria, reservou um de seus capítulos para tratar da proteção do meio ambiente. Segundo Figueiredo:

> Na Carta de 1988, um texto marcadamente ambientalista, encontramos a base de institutos administrativos de Direito Ambiental, como o estudo de impacto ambiental; ou os instrumentos processuais destinados à tutela ambiental, como a ação popular e a ação civil pública. Nela, encontramos entrelaçados os principais temas de direitos humanos e de direito econômico em torno da questão ambiental.[11]

Assim, a Constituição da República Federativa do Brasil de 1988 é muito mais abrangente e regula os direitos e deveres do Estado e de todos os setores da população em relação ao meio ambiente.

O artigo 225 da Carta Magna – pilar do Direito Ambiental Constitucional – dispõe que

> Todos têm direito ao meio ambiente ecologicamente equilibrado, bem de uso comum do povo e essencial à sadia qualidade de vida, impondo-se ao Poder Público e à coletividade o dever de defendê-lo e preservá-lo para as presentes e futuras gerações.

---

10. ANTUNES, 2009, p. 63.
11. FIGUEIREDO, 2013, p. 81-82.

Após a análise do referido artigo, podemos afirmar que o meio ambiente ecologicamente equilibrado é um direito fundamental, pois é um direito de todos. Portanto, deve ser preservado para as gerações atuais e futuras.

De acordo com Machado[12],

> o direito ao meio ambiente equilibrado é de cada um, como pessoa humana, independentemente de sua nacionalidade, raça, sexo, idade, estado de saúde, profissão, renda ou residência.

Já para Antunes[13],

> todos, tal como presente no artigo 225, têm o sentido de qualquer indivíduo que se encontre em território nacional, independentemente de sua condição jurídica perante o nosso ordenamento jurídico. "Todos" quer dizer todos os seres humanos.

Dessa forma, não há excludentes em relação aos que são possuidores do direito ao meio ambiente equilibrado. É um direito de titularidade coletiva, sem qualquer distinção.

A Carta Magna ainda estabelece que o meio ambiente equilibrado é bem de uso comum do povo, ou seja, o equilíbrio ambiental é essencial para alcançar uma boa qualidade de vida. Assim, o Estado e a coletividade têm o dever de proteger um direito que não é público, nem privado, mas essencial e pertencente a todos, portanto um direito difuso e coletivo.

Quanto ao conceito de meio ambiente equilibrado, ensina Machado[14] que, "do ponto de vista ecológico, consubstancia-se na conservação das propriedades e das funções naturais desse meio, de forma a permitir a existência, evolução e desenvolvimento dos seres vivos". Assim, o meio ambiente equilibrado tem como função permitir que os seres vivos tenham condições de existir, evoluir e desenvolver. Todavia, no caso da previsão constitucional, o equilíbrio ambiental é essencial à qualidade de vida, ou seja, não se trata

12. MACHADO, 2010, p. 129.
13. ANTUNES, 2009, p. 65.
14. MACHADO, 2010, p. 57-58.

apenas da existência da pessoa humana, mas da possibilidade de evolução e desenvolvimento da sociedade como um todo e do indivíduo como parte integrante dessa sociedade.

Cabe ressaltar que a evolução e o desenvolvimento sociais devem estar em equilíbrio com a proteção ao meio ambiente, pois há uma dependência entre a preservação do meio e sua qualidade. O meio ambiente equilibrado é direito de todos; portanto, as gerações atuais devem garantir que as gerações futuras também usufruam desse direito fundamental.

Para que isso seja possível, a Constituição Federal impôs ao Poder Público e à coletividade o dever de defender e preservar o meio ambiente para as presentes e futuras gerações. Nesse caso, o Poder Público é composto pelos três poderes (Executivo, Legislativo e Judiciário) e de tal forma a responsabilidade ambiental é repartida entre todos, para que cada um a exerça através dos instrumentos e meios adequados, para que em conjunto cheguem ao resultado desejado.

Em relação à coletividade, devem ser considerados todos os grupos sociais, tais como empresas, organizações não-governamentais, associações e os cidadãos, que devem ter atitudes verdes, que garantam a manutenção do equilíbrio ambiental. A CF/88 ainda determina quem são os responsáveis para que o equilíbrio ambiental seja mantido, deixando claro que não é uma responsabilidade apenas do Estado, mas também da coletividade, pois sem os esforços conjuntos não seria efetiva a proteção ao meio ambiente equilibrado.[15] Em concordância, Machado afirma:

> A Constituição foi bem formulada ao terem sido colocados conjuntamente o Poder Público e a coletividade como agentes fundamentais na ação defensora e preservadora do meio ambiente. Não é papel isolado do Estado cuidar sozinho do meio ambiente, pois essa tarefa não pode ser eficientemente executada sem a cooperação do corpo social.[16]

---

15. Outro ponto importante é em relação ao princípio fundamental da dignidade da pessoa humana, previsto no artigo 1º, inciso III da Constituição Federal, que foi utilizado como fundamento para o artigo 225.

16. MACHADO, 2010, p. 136.

De acordo com Sarlet:

> Temos por dignidade da pessoa humana a qualidade intrínseca e distintiva reconhecida em cada ser humano que o faz merecedor do mesmo respeito e consideração por parte do Estado e da comunidade, implicando, nesse sentido, um complexo de direitos e deveres fundamentais que assegurem a pessoa tanto contra todo e qualquer ato de cunho degradante e desumano, como venham a lhe garantir as condições existenciais mínimas para uma vida saudável, além de propiciar e promover sua participação ativa e corresponsável nos destinos da própria existência e da vida em comunhão com os demais seres.[17]

Logo, a garantia de condições existenciais mínimas para uma vida saudável faz parte do conceito da dignidade da pessoa humana, que determina que o meio ambiente ecologicamente equilibrado é essencial, pois se o meio ambiente em que vivemos não for capaz de nos proporcionar os recursos necessários e não estiver equilibrado, é impossível que tenhamos uma vida digna e saudável.

Tal afirmação também pode ser observada no artigo 225 e dispõe que o Poder Público e a coletividade têm o dever de defender e preservar o meio ambiente devidamente equilibrado para as presentes e futuras gerações e deve haver uma união de esforços entre o Estado e a comunidade na defesa do meio ambiente, pois a conscientização sobre a escassez de recursos e a essencialidade do meio ambiente equilibrado deve ser de todos.

Dessa forma, atuais e futuras gerações poderão gozar integralmente do direito à dignidade da pessoa humana e, consequentemente, do meio ambiente equilibrado e da sadia qualidade de vida.

Política Nacional do Meio Ambiente

A Lei da Política Nacional do Meio Ambiente[18] é documento inovador, de grande relevância para o Brasil, pois foi formulada em

17. SARLET, 2006, p. 60. O doutrinador ainda acrescenta que é necessária "a participação ativa e corresponsável do indivíduo nos destinos da própria existência e da vida em comunhão com os demais seres humanos".

18. Lei nº 6.938, de 31 de agosto de 1981.

atenção aos princípios, metas e diretrizes gerais sobre o meio ambiente, previstos em documentos internacionais como Agenda 21, Nosso Futuro Comum e O Futuro que Queremos, conforme já abordado. Para Granziera:

> Importantes inovações foram introduzidas no direito brasileiro, para adequar os institutos jurídicos já existentes às especificidades da política ambiental, no que se refere, principalmente, à responsabilidade por dano ambiental, à legitimidade para propor ação de indenização por dano ambiental, além dos princípios inovadores como a participação social em processos decisórios e o enfoque econômico do meio ambiente, por meio de instrumentos de gestão.[19]

Dessa forma, resta claro que, apesar de existirem lacunas, decorrentes de novas necessidades que se formam com o desenvolvimento socioeconômico e o surgimento de novos problemas ambientais, a referida lei tem uma importância imensurável, sendo considerada inovadora e um exemplo a ser seguido por outros países.

Quanto ao objetivo central, a Política Nacional do Meio Ambiente, em seu artigo 2º, o define como

> a preservação, melhoria e recuperação da qualidade ambiental propícia à vida, visando assegurar, no País, condições ao desenvolvimento socioeconômico, aos interesses da segurança nacional e à proteção da dignidade da vida humana.

O objetivo em questão observa o princípio do desenvolvimento sustentável, pois busca proteger o meio ambiente, assegurando, assim, o desenvolvimento socioeconômico do País. Cabe ressaltar que esta lei está em concordância com a Carta Magna Brasileira, principalmente no que diz respeito à proteção da dignidade da pessoa humana, que é um princípio fundamental previsto na Constituição de 1988.[20]

Ademais, a Lei nº 6.938/81, em seu artigo 3º, inciso I, conceitua como meio ambiente "o conjunto de condições, leis, influências e

19. GRANZIERA, 2009, p. 67.

20. No art. 1º, inciso II da Constituição.

interações de ordem física, química e biológica, que permite, abriga e rege a vida em todas as formas". O conceito legal apresentado deixa claro que o meio ambiente não é apenas o meio natural, mas também o meio artificial, criado pelo homem, a exemplo das cidades e de tudo o que nos cerca. Assim, a regulamentação deve ser extensiva, abrangendo todos os aspectos do meio ambiente que, conforme conceitua a lei, permite, abriga e rege a vida em todas as formas.

Ainda a Lei, nos incisos do artigo 2º, apresenta os princípios que devem ser observados para se atingir o objetivo central, quais sejam:

> I – ação governamental na manutenção do equilíbrio ecológico, considerando o meio ambiente como um patrimônio público a ser necessariamente assegurado e protegido, tendo em vista o uso coletivo;
> II – racionalização do uso do solo, do subsolo, da água e do ar;
> III – planejamento e fiscalização do uso dos recursos ambientais;
> IV – proteção dos ecossistemas, com a preservação de áreas representativas;
> V – controle e zoneamento das atividades potencial ou efetivamente poluidoras;
> VI – incentivos ao estudo e à pesquisa de tecnologias orientadas para o uso racional e a proteção dos recursos ambientais;
> VII – acompanhamento do estado da qualidade ambiental;
> VIII – recuperação de áreas degradadas;
> IX – proteção de áreas ameaçadas de degradação;
> X – educação ambiental a todos os níveis de ensino, inclusive a educação da comunidade, objetivando capacitá-la para participação ativa na defesa do meio ambiente.

Em síntese, os princípios estabelecem:

I – a ação do governo na manutenção do equilíbrio ecológico;
II – o uso consciente e regulado dos recursos ambientais;
III – o controle das atividades poluidoras;

IV – a proteção, preservação e recuperação do meio ambiente, em seu sentido amplo; e

V – a conscientização ambiental da população.

Educação ambiental em todos os níveis de ensino

Art. 225 da CF, Todos têm direito ao meio ambiente ecologicamente equilibrado, bem de uso comum do povo e essencial à sadia qualidade de vida, impondo-se ao Poder Público e à coletividade o dever de defendê-lo e preservá-lo para as presentes e futuras gerações.

§ 1º Para assegurar a efetividade desse direito, incumbe ao Poder Público:

VI – promover a educação ambiental em todos os níveis de ensino e a conscientização pública para a preservação do meio ambiente; Constituição Federal - Coletânea de Legislação de Direito Ambiental. Organizadora Odete medauar.5.ed.rev., atal. e ampl. São Paulo: RT, 2006 – Lei

A primeira legislação abordada referente à educação ambiental, foi dada pela Lei 6.938, de 31 de agosto de 1981.

Art 2º – A Política Nacional do Meio Ambiente tem por objetivo a preservação, melhoria e recuperação da qualidade ambiental propícia à vida, visando assegurar, no País, condições ao desenvolvimento sócio-econômico, aos interesses da segurança nacional e à proteção da dignidade da vida humana, atendidos os seguintes princípios:

X – educação ambiental a todos os níveis de ensino, inclusive a educação da comunidade, objetivando capacitá-la para participação ativa na defesa do meio ambiente.

Educação em lato sensu

Educação é, pois, atualização histórica de cada indivíduo e o educador é o mediador que serve de guia para esse mundo praticamente infinito da criação humana. Sendo o local onde se dá (ou deveria se dar) a educação sistematizada, a escola participa da divisão social do trabalho, objetivando prover os indivíduos de elementos culturais necessários para viver na sociedade a que pertence.

Para que isso não se perca e para que não tenhamos que reinventar tudo a cada nova geração, fato que condenaria a permanecer na mais primitiva situação, é preciso que o saber esteja permanentemente sendo passado para as gerações subsequentes. Essa mediação é realizada pela educação, entendida como a apropriação do saber historicamente produzido. Disso decorre a centralidade da educação enquanto condição imprescindível da própria realização histórica do homem.

A educação é o ponto em que decidimos se amamos o mundo (nossas heranças culturais e públicas) o bastante para assumirmos a responsabilidade por ele e, com tais gestos, salvá-lo da ruína que seria inevitável se não fossem a renovação e a vinda dos novos, os jovens. A educação é, também, onde decidimos se amamos nossas crianças o bastante para não deixá-las à mercê e tampouco arrancar de suas mãos a oportunidade de empreender alguma coisa e imprevista para nós.

A educação escolar passa a ser composta por dois níveis: Educação Básica (formada pela educação Infantil, Ensino Fundamental e Médio) e Educação Superior.[21] O Ensino Fundamental, obrigatório e gratuito na escola pública, tem por objetivo a formação básica do cidadão. A meta de cada escola de ensino fundamental é fornecer ao aluno acesso à base comum nacional e à parte diversificada, o que inclui as características regionais da sociedade, da cultura, da economia e do cotidiano do aluno. O Ensino Fundamental terá por objetivo a formação básica do cidadão, mediante:

I – o desenvolvimento da capacidade de aprender, tendo como meios básicos, o pleno domínio da leitura e do cálculo;

II – a compreensão do ambiente natural e social, do sistema político, da tecnologia, das artes e dos valores em que se fundamenta a sociedade;

---

21. Mais informações sobre o sistema educacional brasileiro podem ser encontradas no site do MEC.

III – o desenvolvimento da capacidade de aprender, tendo em vista a aquisição de conhecimentos e habilidades e a formação de atitudes e valores;

IV – o fortalecimento dos vínculos de família, dos laços de solidariedade humana e de tolerância recíproca em que se assenta a vida social.[22]

Os Parâmetros Curriculares Nacionais,[23] estabelecidos pelo MEC, redefiniram os conteúdos do Ensino Fundamental. Propuseram também novas maneiras de abordá-los. Por isso a necessidade de estudos e compreensão do que se pretende com o processo de ensino e aprendizagem. É fundamental uma referência para o ensino e aprendizado dos conteúdos científicos e escolares de acordo com cada nível de ensino.

É preciso ressaltar nessa fase do Ensino Fundamental a importância do estudo por comparação, visto que os alunos ainda estão num estágio operatório-concreto. Eles precisam ter os objetos, por meio de suas imagens, sempre presentes na memória para poder pensar sobre eles.

Esse é o período em que é absolutamente necessária uma constante busca das experiências vividas pelos alunos em cada conteúdo analisado. O próprio conteúdo adquire significado para as crianças à medida que se liga com as suas concepções prévias ou espontâneas e precisa estar intimamente relacionado às experiências do aluno. Para que se efetive um trabalho no qual professores e alunos tenham acesso a novas informações, devem-se observar questões fundamentais e específicas dessa fase em que os alunos passam gradativamente do estágio operatório-concreto para o pensamento formal.

---

22. Art. 32 da LDB – Lei nº 9394, de 20 de dezembro de 1996.

23. Fornecendo subsídios teóricos e metodológicos que devem ser analisados e interpretados pelas equipes pedagógicas das escolas, os Parâmetros Curriculares Nacionais (PCN) são as orientações e referências do MEC para cada etapa do ensino fundamental e médio no Brasil. Além das áreas de conhecimento tradicionais, os PCNs propõem a discussão de temas como Saúde, Ética, Pluralidade Cultural, Meio Ambiente, Orientação Sexual e Trabalho e Consumo, consideradas fundamentais para o exercício da cidadania. Chamados de temas transversais, esses assuntos devem servir de base para outras atividades da escola.

Com isso, cabe aos professores propiciar questões, atividades, etc. em que os agentes do processo ensino-aprendizagem possam: dialogar, duvidar, discutir, questionar, compartilhar informações e encontrar espaço para transformações, para as diferenças, para o erro, para as contradições, para a colaboração mútua e para a criatividade.

A qualidade do trabalho pedagógico está associada à capacidade de promoção de avanços no desenvolvimento do aluno, destacando-se a importância do papel do professor no processo ensino-aprendizagem, assim como a relevância da proposta pedagógica adotada pela escola.

Com isso, é importante ter consciência do conteúdo abordado, pois ele nunca será um fim, e sim apenas um pretexto para se *aprender* a pensar e questionar o próprio conhecimento, para se compreender que *aprender* não é reproduzir verdades alheias, mas sim *aprender* a olhar para o mundo colhendo dados, interpretando-os, transformando-os e tirando conclusões.

Só assim é possível formar cidadãos críticos, competitivos e capacitados o bastante para serem agentes transformadores de sua própria vida e da realidade que os cerca. Um axioma católico muito antigo diz que "fora da Igreja não há salvação" (*extra Ecclesiam nulla salus*); e, sem educação, menos ainda.

A educação básica tem, por finalidade, desenvolver o educando, assegurando-lhe a formação comum indispensável para o exercício da cidadania e fornecendo-lhe meios para progredir no trabalho e em estudos posteriores, podendo estar organizada em séries anuais, períodos semestrais, ciclos etc., sempre que há o interesse do processo de aprendizagem, assim o recomenda.

Os currículos (do Ensino Fundamental e do Ensino Médio) devem ter uma base nacional comum, a ser complementada por uma diversificação inerente às características regionais e locais, da sociedade, da cultura, da economia etc., necessitando, entre outros fins, abranger o conhecimento do mundo físico e natural e da realidade social e política, especialmente a do Brasil. Tendo como finalidade primordial a consolidação e o aprofundamento dos conhecimentos adquiridos no ensino fundamental, possibilitando o prosseguimento dos estudos, o Ensino Médio apresenta algumas diretrizes nas quais se dá destaque à educação tecnológica básica, à compreensão do significado da ciência e ao processo histórico de transformação da sociedade e da cultura, bem como ao exercício da cidadania.

As propostas pedagógicas e os regimentos das unidades escolares devem observar as Diretrizes Curriculares Nacionais[24] e as demais orientações disponíveis. Sendo um conjunto de definições doutrinárias sobre princípios, fundamentos e procedimento na educação Básica, orientam o sistema de ensino na organização, articulação, desenvolvimento e avaliação de suas propostas pedagógicas.

Interdisciplinaridade

Ensinar pode ser entendido como "transmitir informações" ao educando com a finalidade de auxiliá-lo a encontrar a ciência pelo caminho da consciência do outro, do mundo e de si mesmo. É um processo de intervenção na vida do educando (crianças, jovens ou adultos), pelo convite e não pela invasão, em que se busca um conhecimento específico. Trata-se de uma atividade orientada para uma meta e exige consciência do inacabamento ou inconclusão do ser humano, própria da experiência vital; exige respeito à autonomia do educando e exige convicção de que a mudança é possível.[25]

Na Educação Ambiental,[26] a responsabilidade pelo ensino e pela aprendizagem é do professor, passando a ter um peso importante para o êxito no ensino, o que significa construir novos comportamentos em relação ao ambiente e criar, portanto, uma forma, uma maneira de intervenção, por meio da qual a temática ambiental esteja presente em todas as disciplinas, fazendo parte integrante do cotidiano pedagógico da escola.

---

24. As DCNs ajudam a valorizar o trabalho curricular e organizar unidades de trabalho e de projetos (como a elaboração do Projeto Político Pedagógico - PPP) para o aperfeiçoamento das relações de ensino/aprendizagem.

25. Cf. FREIRE, **Pedagogia do oprimido**, 1987; **Pedagogia da esperança**, 1992; e **Pedagogia da autonomia**, 1996. Educador e pedagogo, Paulo Freire (1921 - 1997) escreveu diversos livros importantes - como os citados acima - sobre educação.

26. Cf. REIGOTA, **O que é educação ambiental**, 2009.

A escola é um local privilegiado para a realização da educação ambiental, desde que se dê oportunidade à criatividade. Embora a ecologia, como ciência, tenha uma importante contribuição a dar à educação ambiental, ela não está mais autorizada que a história, o português, a química, a geografia, a física etc.

A interdisciplinaridade requer convicção, colaboração e não coerções ou imposições. Para que ela exista, é necessário explicar e demonstrar como existem informações, conceitos, metodologias, procedimentos etc. que são úteis e têm sentido em mais de uma disciplina, coisa que a história da ciência e da tecnologia podem mostrar. Várias são as razões que conduzem a um pensamento compartimentado, disciplinar. As próprias instituições que promovem e controlam a construção do conhecimento mantêm estruturas dominadas pela mentalidade disciplinar.

A pesquisa ambiental é por natureza interdisciplinar e mobiliza diferentes disciplinas, podendo ter seu foco voltado somente para uma delas (Biologia, por exemplo). Tal fato pode vir a ofuscar a real dimensão do problema e dificultar a elaboração de uma solução para o mesmo.

Todas as partes do mundo, que são obra de um único artífice, são membros de uma mesma máquina, semelhantes entre si, no ser e no viver, e ligadas umas às outras por uma espécie de recíproca caridade.

Um projeto interdisciplinar de trabalho ou de ensino consegue captar a profundidade das relações conscientes entre pessoas e coisas. Nele não se ensina, nem se aprende: vive-se, exerce-se. A responsabilidade está imbuída do envolvimento – envolvimento que diz respeito ao projeto em si, às pessoas e às instituições a ele pertencentes.

Sempre bom lembrar da pirâmide de aprendizagem de William Glasser.[27] Segundo a teoria, nós aprendemos: 10% quando lemos; 20% quando ouvimos; 30% quando observamos; 50% quando vemos e ouvimos; 70% quando discutimos com outros; 80% quando fazemos; e 95% quando ensinamos os outros.

27. Psiquiatra norte-americano (1925-2013).

Conscientização como base do aprendizado

A infância é entendida, por um lado, como categoria social e como categoria da história humana, englobando aspectos que afetam também o que temos chamado de adolescência e juventude. Por outro lado, é entendida como período da história de cada um, que se estende, na sociedade, do nascimento até aproximadamente aos dez anos de idade. As interações causam tensões e contradições entre adultos e crianças, um grande desafio enfrentado nos dias de hoje. Os impactos dessas reflexões, considerando os direitos das crianças, são: a educação infantil e o ensino fundamental.

A inserção concreta das crianças e seus papéis variam com as formas de organização da sociedade; assim, a ideia de infância não existiu sempre e da mesma maneira. Ao contrário, a noção de infância surgiu com a sociedade capitalista urbano-industrial na medida em que mudavam a inserção e o papel social da criança na sua comunidade. Aprendemos com esses estudos a condição e a natureza histórica e social das crianças, as necessidades de pesquisa que aprofundem o conhecimento sobre as crianças em diferentes contextos; e a importância de atuar considerando-se essa diversidade.

Alguns conceitos sobre Educação Ambiental

A evolução dos conceitos de Educação Ambiental esteve diretamente relacionada à evolução do conceito de meio ambiente e ao modo como este era percebido. O conceito de meio ambiente, reduzido exclusivamente a seus aspectos naturais, não permitia apreciar as interdependências nem a contribuição das ciências sociais e outras na compreensão e melhoria do ambiente humano.

A Educação Ambiental era definida como um processo que deveria objetivar a formação de cidadãos, cujos conhecimentos acerca do ambiente biofísico e seus problemas associados pudessem alertá-los e habilitá-los a resolver suas adversidades, além de reconhecer valores e clarificar conceitos voltados para o desenvolvimento de habilidades e atitudes necessárias à compreensão e apreciação das inter-relações entre o homem, sua cultura e seu entorno biofísico.

A Educação Ambiental[28] é um processo no qual deveria ocorrer um desenvolvimento progressivo de um senso de preocupações com o meio ambiente, baseado em um completo e sensível entendimento das relações do homem com o ambiente em sua volta.

Na Conferência de Tbilisi[29], a Educação Ambiental foi definida como uma dimensão dada ao conteúdo e a prática da educação, orientada para resolução dos problemas concretos do meio ambiente, por meio de um enfoque interdisciplinar e de uma participação ativa e responsável de cada indivíduo e da coletividade.

O CONAMA[30] definiu a Educação Ambiental como um processo de formação e informação, orientado para o desenvolvimento da consciência crítica sobre as questões ambientais e de atividades que levem à participação das comunidades na preservação do equilíbrio ambiental.

O programa Nossa Natureza[31] definiu Educação Ambiental como o conjunto de ações educativas voltadas para a compreensão da dinâmica dos ecossistemas, considerando os efeitos da relação do homem com o meio, a determinação social e a evolução histórica dessa relação.

Ensinar e aprender em Educação Ambiental

A principal função do trabalho com o tema meio ambiente é contribuir para a formação de cidadãos conscientes, aptos a decidir

---

28. Cf. DIAS, 2003.

29. A Conferência Intergovernamental de Tbilisi ocorreu em 1977 na antiga União Soviética.

30. O Conselho Nacional do Meio Ambiente (CONAMA) foi instituído pela Lei nº 6.938/81, que dispõe sobre a Política Nacional do Meio Ambiente, regulamentada pelo Decreto nº 99.274/90.

31. Decreto nº 96.944, de 12 de outubro de 1988. Art. 1º Fica criado o Programa de Defesa do Complexo de Ecossistemas da Amazônia Legal, denominado Programa Nossa Natureza, com a finalidade de estabelecer condições para a utilização e a preservação do meio ambiente e dos recursos naturais renováveis na Amazônia Legal, mediante a concentração de esforços de todos os órgãos governamentais e a cooperação dos demais segmentos da sociedade com atuação na preservação do meio ambiente.

e atuar na realidade socioambiental de um modo comprometido com a vida, com o bem-estar de cada um e da sociedade, local e global. Para isso, é necessário que, mais do que informações e conceitos, a escola se proponha a trabalhar com atitudes, com formação de valores, com o ensino e aprendizagem de procedimentos. E esse é um grande desafio para a educação. Gestos de solidariedade, hábitos de higiene pessoal e dos diversos ambientes, participação em pequenas negociações são exemplos de aprendizagem que podem ocorrer na escola.

Assim, a grande tarefa da escola é proporcionar um ambiente escolar saudável e coerente com aquilo que ela pretende que seus alunos aprendam, para que possa, de fato, contribuir para a formação da identidade como cidadãos conscientes de suas responsabilidades com o meio ambiente, capazes de atitudes de proteção e melhoria.

Por outro lado, cabe à escola garantir situações em que os alunos possam pôr em prática sua capacidade de atuação. O fornecimento das informações, a explicitação e discussão das regras e normas da escola, a promoção de atividades que possibilitem uma participação concreta dos alunos, desde a definição do objetivo, dos caminhos a seguir para atingi-los, da opção pelos materiais didáticos a serem usados, dentro das possibilidades da escola, são condições para a construção de um ambiente democrático e para o desenvolvimento da capacidade de intervenção na realidade.

Entretanto, não se pode esquecer que a escola não é o único agente educativo e que os padrões de comportamento da família e as informações veiculadas pela mídia exercem especial influência sobre os adolescentes e jovens.

No que se refere à área ambiental, há muitas informações, valores e procedimentos aprendidos pelo que se faz e se diz em casa. Tais conhecimentos poderão ser trazidos e debatidos nos trabalhos da escola, para que se estabeleçam as relações entre esses dois universos no reconhecimento dos valores expressos por comportamentos, técnicas, manifestações artísticas e culturais.

Além disso, o rádio, a TV e a mídia impressa constituem uma fonte de informações sobre o meio ambiente para a maioria das pessoas, sendo, portanto, inegável sua importância no desencadeamento dos debates que podem gerar transformações e soluções efetivas dos problemas locais. No entanto, muitas vezes as questões ambientais são abordadas de forma superficial ou equivocadas pelos diferentes meios de comunicação. Notícias de TV e de rádio, de jornais e revistas, programas especiais tratando de questões relacionadas ao meio ambiente têm sido cada vez mais frequentes. Paralelamente, existe o discurso veiculado pelos mesmos meios de comunicação quando propõem uma ideia de desenvolvimento que não raro entra em conflito com a ideia de respeito ao meio ambiente.

São propostos e estimulados por meio do incentivo ao consumismo, desperdício, violência, egoísmo, desrespeito, preconceito, irresponsabilidade e tantas outras atitudes questionáveis dentro de uma perspectiva de melhoria de qualidade de vida. Por isso, é imprescindível os educadores relativizarem essas mensagens, ao mostrar que elas traduzem um posicionamento diante da realidade e que é possível haver outros. Desenvolver essa postura crítica é muito importante para os alunos, pois isso lhes permite reavaliar essas mesmas informações, percebendo os vários determinantes da leitura, os valores a elas associados e aqueles trazidos de casa. Isso os ajuda a agir com visão mais ampla e, portanto, mais segura ante a realidade em que vivem.

Para tanto, os professores precisam conhecer o assunto e buscar com os alunos mais informações, enquanto desenvolvem suas atividades: pesquisando em livros e levantando dados, conversando com os colegas das outras disciplinas, ou convidando pessoas da comunidade (professores especializados, técnicos de governo, lideranças, médicos, agrônomos, moradores tradicionais que conhecem a história do lugar etc.) para fornecer informações, dar pequenas entrevistas ou participar das aulas na escola. Ou, melhor, deve-se recorrer às mais diversas fontes: dos livros, tradicionalmente utilizados até a história oral dos habitantes da região. Essa heterogeneidade de fontes é importante até como medida de checagem da precisão das informações, mostrando ainda a diversidade de interpretações dos fatos.

Temas da atualidade, em contínuo desenvolvimento, exigem uma permanente atualização; e fazê-lo junto com os alunos é uma excelente oportunidade para que eles vivenciem o desenvolvimento de procedimentos elementares de pesquisa e construam, na prática, formas de sistematização da informação, medidas, considerações quantitativas, apresentação e discussão de resultados etc. A orientação dos professores nesse processo é de fundamental importância. Essa vivência permite aos alunos perceber que a construção e a produção dos conhecimentos são contínuas e que, para entender as questões ambientais, há necessidade de atualização constante. Como esse campo temático é relativamente novo no ambiente escolar, os professores podem priorizar sua própria formação/informação à medida que as necessidades se configurem. Pesquisar sozinho ou junto com os alunos, aprofundar seu conhecimento com relação à temática ambiental será necessário aos professores, por, pelo menos, três motivos:

1. para tê-lo disponível ao abordar assuntos gerais ou específicos de cada disciplina, vendo-os não só do modo analítico tradicional, parte por parte, mas nas inter-relações com outras áreas, compondo um todo mais amplo;
2. para ter maior facilidade em identificar e discutir os aspectos éticos (valores e atitudes envolvidos) e apreciar os estéticos (percepção e reconhecimento do que agrada à visão, à audição, ao paladar, ao tato; de harmonias, simetrias e outros) presentes nos objetos ou paisagens observadas, nas formas de expressão cultural etc.
3. para obter novas informações sobre a dimensão local do ambiente, já que há transformações constantes seja qual for a dimensão ou amplitude. Isso pode ser de extrema valia, se, associado a informações de outras localidades, puder compor informações mais globais sobre a região.

O acesso a novas informações permite repensar a prática. É nesse fazer e refazer que é possível enxergar a riqueza de informações, conhecimentos e situações de aprendizagem geradas por iniciativa dos próprios professores. Afinal, eles também estão em processo de construção de saberes e de ações no ambiente, como qualquer cidadão. Sistematizar e problematizar suas vivências e práticas, à luz de novas informações, contribui para o reconhecimento da importância do trabalho de cada um, permitindo assim a construção de um projeto consciente de educação ambiental.

As atividades de educação ambiental dos professores são aqui consideradas no âmbito do aprimoramento de sua cidadania, e não como algo inédito de que eles ainda não estejam participando. Afinal, a própria inserção do indivíduo na sociedade implica algum tipo de participação, de direitos e deveres com relação ao ambiente.

Reconhece-se aqui a necessidade de capacitação permanente do quadro de professores, da melhoria das condições salariais e de trabalho, assim como a elaboração e divulgação de materiais de apoio. Sem essas medidas, a qualidade desejada fica apenas no campo das intenções. Da mesma forma, a estrutura da escola, a ação dos outros integrantes do espaço escolar devem contribuir na construção das condições necessárias à desejada formação mais atuante e participativa do cidadão.

A esfera global e local

A perspectiva ambiental deve remeter os alunos à reflexão sobre os problemas que afetam a sua vida, a de sua comunidade, a de seu país e a do planeta. Para que essas informações os sensibilizem e provoquem o início de um processo de mudança de comportamento, é preciso que o aprendizado seja significativo, isto é, os alunos possam estabelecer ligações entre o que aprendem e a sua realidade cotidiana e o que já conhecem.

Nesse sentido, o ensino deve ser organizado de forma a proporcionar oportunidades para que os alunos possam utilizar o conhecimento sobre meio ambiente para compreender a sua realidade e atuar nela, mediante o exercício da participação em diferentes instâncias: nas atividades dentro da própria escola e nos movimentos da comunidade. É essencial resgatar os vínculos individuais e coletivos com o espaço em que os alunos vivem para que se construam essas iniciativas, essa mobilização e envolvimento para solucionar problemas.

É possível promover o desenvolvimento da sensibilidade, chamando a atenção para as inúmeras soluções simples e engenhosas que as formas de vida encontram para sobreviver, inclusive para seus aspectos estéticos, provocando um pouco o lado da curiosidade que todos têm; observando e valorizando as iniciativas dos alunos de interagir de modo criativo e construtivo com os elementos do meio ambiente. Isso acontece quando, por exemplo, os alunos descobrem sons nos objetos do ambiente, expressam sua emoção por meio da pintura, poesia, ou fabricam brinquedos com sucata, observam e interferem no caminho das formigas, descobrem marcos de paisagem entre a casa e a escola, ou ainda utilizam/inventam receitas para aproveitamento de sobras de alimentos.

Além disso, os professores podem ensinar os alunos a valorizar "produções" de seus colegas e respeitá-los em sua criação, suas peculiaridades de qualquer natureza (física ou intelectual), suas raízes culturais, étnicas ou religiosas.

Grande parte dos assuntos significativos para os alunos é relativa à realidade mais próxima, ou seja, sua comunidade, sua região. Por ser um universo acessível e familiar, a localidade pode ser um campo de práticas, nas quais o conhecimento adquire significado, o que é essencial para o exercício da participação. No entanto, por mais localizadas que sejam, as questões ambientais dizem respeito direta ou indiretamente ao interesse de todo o planeta.

Para que os alunos possam entender a complexidade e a amplitude das questões ambientais, é fundamental oferecer-lhes a maior diversidade possível de experiências e contato com diferentes realidades.

Assim, é relevante os professores levarem em conta a importância tanto de trabalhar com a realidade imediata dos alunos como de valorizar e incentivar o interesse pelo que a transcende, amplia e até mesmo pode explicá-la, num contexto mais amplo, como o mercado mundial. Além do mais, não é necessário o aluno conhecer primeiro aquilo que está em sua realidade mais próxima, e depois o que está além dela. O desastre de uma usina nuclear do outro lado do mundo, os encantos das ilhas de corais em mares distantes e outras questões como essas podem ser de interesse para o trabalho na sala de aula.

Em geral, os alunos demonstram curiosidade e vontade de conhecer mais sobre, por exemplo, os costumes do povo esquimó ou a existência de dinossauros no período pré-histórico, ou, ainda, o buraco na camada de ozônio e o aquecimento do planeta; na verdade, em todas as idades pode-se perceber o interesse, a curiosidade por aquilo que não pertence à realidade imediata. Por meio dessas informações, os alunos podem ampliar seu universo de conhecimentos e formar a noção de quão amplo é esse universo. Isso evidencia também a dimensão planetária que ganhou a questão ambiental na sociedade moderna. Os veículos de comunicação de massa têm papel decisivo para mostrar essa dimensão.

Na escala local, esses problemas ganham significado prático para os alunos, e a seleção dos conteúdos deve considerar tal fato. Aspectos regionais de relevância devem ser discutidos com profundidade, pois assim eles poderão, em momentos como esses, propícios, trocar conhecimentos e se envolver diretamente com aspectos da realidade local e com a construção coletiva de projetos, além de atribuir-se o papel de participante e corresponsável. Essa vivência possibilitará o afloramento de pontos de vista coincidentes e divergentes, desvendando afinidades e permitindo o debate e o aprendizado do diálogo. Independentemente da abrangência com que se abordarão as questões, local ou global, é preciso reforçar a existência de alternativas ambientalmente equilibradas, saudáveis, diversificadas e desejáveis, diante do degradado ou poluído, para que a constatação de algum mal não seja seguida de desânimo ou desmobilização, mas da potencialização das pequenas e importantes contribuições que a escola (entendida como docentes, alunos e comunidade) pode dar para tornar o ambiente cada vez melhor e os alunos cada vez mais comprometidos com a vida, a natureza, a melhoria dos ambientes com os quais convivem.

Lei da Ação Civil Pública

Há uma imposição constitucional ao Poder Público e à coletividade quanto ao dever de defender e preservar o meio ambiente. Dessa forma, a Ação Civil Pública[32] (que disciplina sobre a ação

32. Lei nº 7.347, de 24 de julho de 1985.

civil pública de responsabilidade por danos ao meio ambiente, ao consumidor, a bens e direitos de valor artístico, estético, histórico, turístico e paisagístico) é um importante meio de cumprimento desse dever, já que determina, nos incisos do artigo 5º, que são legitimados ativos na defesa jurisdicional do meio ambiente:

I – o Ministério Público;
II – a Defensoria Pública;
III – a União, os Estados, o Distrito Federal e os Municípios;
IV – a autarquia, empresa pública, fundação ou sociedade de economia mista;
V – a associação que, concomitantemente:
a) esteja constituída há pelo menos 1 (um) ano nos termos da lei civil;
b) inclua, entre suas finalidades institucionais, a proteção ao patrimônio público e social, ao meio ambiente, ao consumidor, à ordem econômica, à livre concorrência, aos direitos de grupos raciais, étnicos ou religiosos ou ao patrimônio artístico, estético, histórico, turístico e paisagístico.

Ademais, de acordo com o artigo 16, da lei supracitada,

> a sentença civil fará coisa julgada *erga omnes*,[33] nos limites da competência territorial do órgão prolator, exceto se o pedido for julgado improcedente por insuficiência de provas, hipótese em que qualquer legitimado poderá intentar outra ação com idêntico fundamento, valendo-se de nova prova.

Todavia, segundo Figueiredo,

> esse dispositivo teve sua redação determinada pela Lei nº 9.494/1997 e vem sendo duramente criticado pela doutrina especializada, pois o legislador confundiu competência funcional com os efeitos da sentença.[34]

---

33. Que tem efeito ou vale para todos.
34. FIGUEIREDO, 2013, p. 62.

A limitação do efeito *erga omnes* da coisa julgada nos limites da competência territorial do órgão prolator não tem aplicabilidade, pois vai contra o próprio conceito do referido efeito que diz que os efeitos da sentença serão válidos para todos os atingidos ou envolvidos em uma determinada situação jurídica. Dessa forma, não pode haver limitação do efeito pela competência territorial. Em concordância ao exposto, ensina Fiorillo, que

> a eficácia das decisões proferidas nas ações coletivas – sejam interlocutórias, sem sentenças – possui transcendência subjetiva, porquanto produzem efeito *erga omnes* ou ultrapartes, de modo que, em razão da natureza do objeto da demanda, a efetividade do provimento jurisdicional dependerá da irradiação dos efeitos do ato judicial por todos os lugares em que se tenham que produzir.[35]

Lei de Crimes Ambientais

Quanto aos crimes ambientais, foi sancionada uma lei que dispõe sobre as sanções penais e administrativas derivadas de condutas e atividades lesivas ao meio ambiente. A Constituição Federal de 1988 prevê em seu artigo 225, § 3º, que "as condutas e atividades consideradas lesivas ao meio ambiente sujeitarão os infratores, pessoas físicas ou jurídicas, a sanções penais e administrativas, independentemente da obrigação de reparar os danos causados". Diante do exposto, a Lei de Crimes Ambientais[36] observa a Constituição Federal pátria, pois regula as condutas e atividades lesivas e determina as sanções penais e administrativas cabíveis.

A ausência de critérios na tipificação dos crimes e na cominação das penas compromete por inteiro a legislação penal ambiental, com a elevação de condutas insignificantes à categoria de crimes, em uma expansão de cunho meramente simbólico, instrumentalizando-se o Direito Penal, afastando-o dos pressupostos de dignidade e merecimento de pena das condutas incriminadas, ao mesmo

35. FIORILLO, 2006, p. 358-359.
36. Lei nº 9.605, de 12 de fevereiro de 1998.

tempo que contraditoriamente concede tratamento benéfico a comportamentos gravemente lesivos ao meio ambiente. A tipificação de crimes e a cominação das penas na lei de crimes ambientais, em alguns casos, não são eficazes ou eficientes.

Houve, portanto, um despeito aos princípios do Direito Penal, pois condutas insignificantes não devem ser tratadas no âmbito penal, mas sim no âmbito cível e condutas significantes devem ter a cominação da pena adequada.

O Direito Penal deve respeitar o princípio da intervenção mínima, ou seja, uma conduta só deve ser considerada crime se for o único meio possível de proteção de determinado bem jurídico. Assim, o Direito Penal deve ser a *ultima ratio*,[37] pois no caso da existência de outros meios de controle social, estes devem ser usados.

Por outro lado, alguns crimes gravíssimos previstos na Lei nº 9.605/98 trazem consequências irreversíveis ao meio ambiente e foram cominados com penas irrisórias, incapazes de trazer a devida eficácia à lei penal ambiental, o que é um desrespeito aos princípios da proporcionalidade e da razoabilidade.

Em relação à responsabilidade penal, a Lei de Crimes Ambientais determina em seu artigo 2º:

> Quem, de qualquer forma, concorre para a prática dos crimes previstos nesta Lei, incide nas penas a estes cominadas, na medida da sua culpabilidade, bem como o diretor, o administrador, o membro de conselho e de órgão técnico, o auditor, o gerente, o preposto ou mandatário de pessoa jurídica, que, sabendo da conduta criminosa de outrem, deixar de impedir a sua prática, quando podia agir para evitá-la.

Dessa forma, o agente não precisa ser o executor da ação ou da omissão que causou o dano ao meio ambiente, basta que ele tenha concorrido para o resultado, ou seja, que tenha auxiliado de alguma forma para que o crime ocorresse.

A culpabilidade, segundo Greco,

---

37. Última razão ou último recurso.

> diz respeito ao juízo de censura, ao juízo de reprovabilidade que se faz sobre a conduta típica e ilícita praticada pelo agente. Reprovável ou censurável é aquela conduta levada a efeito pelo agente que, nas condições em que se encontrava, podia agir de outro modo.[38]

Assim, a lei de crimes ambientais está de acordo com o Código Penal, pois prevê que o agente do crime será julgado e terá a pena prevista aplicada na medida de sua culpabilidade, ou seja, conforme o juízo de reprovabilidade de sua conduta típica e ilícita.

Já em relação à responsabilidade penal, ela é subjetiva, ou seja, os elementos subjetivos do tipo, quais sejam, dolo ou culpa, devem ser comprovados. Assim, não basta a existência de nexo causal entre a conduta do agente e o resultado lesivo ao bem jurídico tutelado; é necessária a comprovação do dolo ou culpa.

Ademais, dispõe o Código Penal Brasileiro que "salvo os casos expressos em lei, ninguém pode ser punido por fato previsto como crime, senão quando o pratica dolosamente".[39] Dessa forma, o crime doloso deve estar expressamente previsto em lei para que o agente seja punido, sendo que tal previsão expressa não é necessária nos casos de dolo. Diante do exposto, tal disposição do Código Penal deve ser seguida em relação aos crimes ambientais da Lei nº 9.605/98.

Quanto às pessoas jurídicas, o artigo 3º da Lei de Crimes Ambientais estabelece que elas:

> Serão responsabilizadas administrativa, civil e penalmente conforme o disposto nesta Lei, nos casos em que a infração seja cometida por decisão de seu representante legal ou contratual, ou de seu órgão colegiado, no interesse ou benefício da sua entidade.

Diante da leitura do artigo, a responsabilidade administrativa, civil e penal será do representante legal e contratual, ou do seu órgão colegiado, que tomou a decisão que gerou a infração.

De acordo com Machado, "o representante legal é normalmente indicado nos estatutos da empresa ou associação". Já "o represen-

---

38. GRECO, 2013, p. 89.

39. Artigo 18, parágrafo único do Código Penal brasileiro, Decreto-lei nº 2.848, de 7 de dezembro de 1940.

tante contratual pode ser o diretor, o administrador, o gerente, o preposto ou o mandatário da pessoa jurídica".[40]

Todavia, para que haja a responsabilização penal é necessária a presença do nexo de causalidade entre a ação ou omissão do dirigente da pessoa jurídica e o dano, bem como a comprovação de dolo ou culpa. Ademais, a decisão que gerou a infração deve ser realizada no interesse ou benefício da empresa.

Posto isso, conforme expõe Milaré, a responsabilidade penal da pessoa jurídica dar-se-ia segundo dupla categoria de critérios. A primeira, relacionada a critérios explícitos na lei, exige que:

a) a violação da norma ambiental decorra de deliberação do ente coletivo;
b) o autor material do delito seja vinculado à sociedade; e
c) a infração seja praticada no interesse ou benefício da pessoa jurídica.

A segunda, relacionada a critérios implícitos no dispositivo, desafia que:

a) o autor tenha agido com o beneplácito da pessoa jurídica;
b) a ação ocorra no âmbito de atividades da empresa; e
c) a pessoa jurídica seja de direito privado.[41]

Cabe ressaltar, conforme disposto no parágrafo único do artigo 3º da referida lei, que "a responsabilidade das pessoas jurídicas não exclui a das pessoas físicas, autoras, coautoras ou partícipes do mesmo fato". Assim, poderá haver o concurso entre a pessoa jurídica e a pessoa física, no caso de autoria, coautoria e participação no ato ilícito.

Quanto à desconsideração da pessoa jurídica, a mesma lei dispõe em seu artigo 4º que "poderá ser desconsiderada a pessoa jurídica sempre que sua personalidade for obstáculo ao ressarcimento de prejuízos causados à qualidade do meio ambiente".

---

40. MACHADO, 2010, p. 744.
41. MILARÉ, 2009, p. 987.

Todavia, antes de analisarmos o artigo em questão, iremos verificar as disposições da matéria presentes no Código Civil e no Código de Defesa do Consumidor, para uma melhor compreensão do significado desse instrumento jurídico e de seu objetivo. O Código Civil,[42] em seu artigo 50, determina:

> Em caso de abuso da personalidade jurídica, caracterizado pelo desvio de finalidade, ou pela confusão patrimonial, pode o juiz decidir, a requerimento da parte, ou do Ministério Público quando lhe couber intervir no processo, que os efeitos de certas e determinadas relações de obrigações sejam estendidos aos bens particulares dos administradores ou sócios da pessoa jurídica.

Já o Código de Defesa do Consumidor[43] dispõe no *caput* do artigo 28 que

> o juiz poderá desconsiderar a personalidade jurídica da sociedade quando, em detrimento do consumidor, houver abuso de direito, excesso de poder, infração da lei, fato ou ato ilícito ou violação dos estatutos ou contrato social. A desconsideração também será efetivada quando houver falência, estado de insolvência, encerramento ou inatividade da pessoa jurídica provocada por má administração.

Portanto, a desconsideração da personalidade jurídica ocorre quando a proteção à personalidade jurídica é um obstáculo para o ressarcimento do dano causado ou quando houver algum abuso de direito ou ato ilícito realizado pelo dirigente da pessoa jurídica.

Assim, voltando ao artigo 4º da Lei de Crimes Ambientais, o patrimônio dos sócios da pessoa jurídica pode responder pelos prejuízos causados ao meio ambiente, no caso de dificuldade de ressarcimento pelos bens da própria pessoa jurídica. Quanto às circunstâncias atenuantes, elas estão relacionadas nos incisos do artigo 14 da mesma lei. Quais sejam:

I – baixo grau de instrução ou escolaridade do agente;

---

42. Lei nº 10.406, de 10 de janeiro de 2002.

43. Lei nº 8.078, de 11 de setembro de 1990.

II – arrependimento do infrator, manifestado pela espontânea reparação do dano, ou limitação significativa da degradação ambiental causada;
III – comunicação prévia pelo agente do perigo iminente de degradação ambiental;
IV – colaboração com os agentes encarregados da vigilância e do controle ambiental.

Já as circunstâncias agravantes estão previstas nos incisos do artigo 15, da lei supracitada, e são:

I – reincidência nos crimes de natureza ambiental;
II – ter o agente cometido a infração:
a) para obter vantagem pecuniária;
b) coagindo outrem para a execução material da infração;
c) afetando ou expondo a perigo, de maneira grave, a saúde pública ou o meio ambiente;
d) concorrendo para danos à propriedade alheia;
e) atingindo áreas de unidades de conservação ou áreas sujeitas, por ato do Poder Público, a regime especial de uso;
f) atingindo áreas urbanas ou quaisquer assentamentos humanos;
g) em período de defeso à fauna;
h) em domingos ou feriados;
i) à noite;
j) em épocas de seca ou inundações;
l) no interior do espaço territorial especialmente protegido;
m) com o emprego de métodos cruéis para abate ou captura de animais;
n) mediante fraude ou abuso de confiança;
o) mediante abuso do direito de licença, permissão ou autorização ambiental;
p) no interesse de pessoa jurídica mantida, total ou parcialmente, por verbas públicas ou beneficiada por incentivos fiscais;
q) atingindo espécies ameaçadas, listadas em relatórios oficiais das autoridades competentes;
r) facilitada por funcionário público no exercício de suas funções.

No entanto, como disposto no artigo 16, a suspensão condicional da pena poderá ser aplicada nos casos de condenação a pena privativa de liberdade não superior a três anos, nos crimes previstos nesta lei. Por fim, a perícia de constatação do dano ambiental, sempre que possível, fixará o montante do prejuízo causado para efeitos de prestação de fiança e cálculo de multa, como pode ser lido no artigo 19 da Lei referida acima.

Política Nacional de Resíduos Sólidos

Outra grande conquista para o Direito Ambiental brasileiro foi a Política Nacional de Resíduos Sólidos.[44] A supracitada lei determina em seu artigo 1º que dispõe

Figura 1 Sobre resíduos sólidos

PRINCÍPIOS (11)	OBJETIVOS (15)	INSTRUMENTOS (19)
· Prevenção e precução	· Padrões sustentáveis de produção e consumo	· Planos de gestão de resíduos
· Poluidor-pagador	· Redução de volume e periculosidade	· Inventários e Sist. Declaração Anual de RS
· Protetor-recebedor	· Gestão integrada	· Coleta seletiva e logística reversa
· Visão sistêmica	· Incentivo à reciclagem	· Monitoramento e fiscalização ambiental
· Desenvolvimento sustentável	· Inclusão dos catadores	· FNMA e FNDCT
· Ecoeficiência	· Compras sustentáveis do governo federal	· Acordos setoriais
· Responsabilidade compartilhada	· Tecnologias limpas	· Incentivos financeiros
· Razoabilidade e proporcionalidade	· Capacitação técnica continuada	· SINIR e SINISA
· Controle social	· *NG/Rd/Ru/	· TACs e TCs
	· RC/Tr/DF*	

Fonte: Lei ambiental

44. Lei nº 12.305, de 2 de agosto de 2010 (altera a Lei nº 9.605 e dá outras providências).

> sobre seus princípios, objetivos e instrumentos, bem como sobre as diretrizes relativas à gestão integrada e ao gerenciamento de resíduos sólidos, incluídos os perigosos, às responsabilidades dos geradores e do poder público e aos instrumentos econômicos aplicáveis.

Logo, a Política Nacional de Resíduos Sólidos propõe práticas de consumo sustentável e de gestão e gerenciamento dos resíduos sólidos, visando a redução, reutilização, reciclagem, tratamento e destinação final ambientalmente adequada dos resíduos sólidos, através da responsabilidade compartilhada e da logística reversa.

Com isso, a Lei objetiva proteger a saúde pública e a qualidade ambiental, para que as futuras gerações tenham os mesmos recursos que nós temos; assim, a lei incentiva o desenvolvimento sustentável.

Tendo em vista os incisos do artigo 6º, são princípios da Política Nacional de Resíduos Sólidos:

I – a prevenção e a precaução;

II – o poluidor-pagador e o protetor-recebedor;

III – a visão sistêmica, na gestão dos resíduos sólidos, que considere as variáveis ambiental, social, cultural, econômica, tecnológica e de saúde pública;

IV – o desenvolvimento sustentável;

V – a ecoeficiência, mediante a compatibilização entre o fornecimento, a preços competitivos, de bens e serviços qualificados que satisfaçam as necessidades humanas e tragam qualidade de vida e a redução do impacto ambiental e do consumo de recursos naturais a um nível, no mínimo, equivalente à capacidade de sustentação estimada do planeta;

VI – a cooperação entre as diferentes esferas do Poder Público, o setor empresarial e demais segmentos da sociedade;

VII – a responsabilidade compartilhada pelo ciclo de vida dos produtos;

VIII – o reconhecimento do resíduo sólido reutilizável e reciclável como um bem econômico e de valor social, gerador de trabalho e renda e promotor de cidadania;

IX – o respeito às diversidades locais e regionais;
X – o direito da sociedade à informação e ao controle social;
XI – a razoabilidade e a proporcionalidade.

Diante da relevância desses princípios para o Direito Ambiental e para o nosso estudo, como veremos adiante, trataremos de cada princípio individualmente.

Princípios da prevenção e da precaução

Apesar de alguns autores considerarem tais princípios sinônimos, discordamos dessa posição, diante da divergência semântica entre prevenção e precaução. A palavra *prevenção*, do latim *praevenire* (*prae* – antes e *venire* – vir), decorre do conhecimento em primeiro lugar, de "perceber previamente".

Portanto, no princípio da prevenção há o conhecimento prévio em relação ao dano ambiental causado por determinada atividade. Para tanto, são utilizadas medidas que visam evitar ou reduzir o dano, tais como o planejamento antecipado, a conciliação entre os impactos ambientais, a questão financeira e a formulação de Estudo de Impacto Ambiental.

De acordo com Antunes, "o princípio da prevenção aplica-se a impactos ambientais já conhecidos e dos quais se possa, com segurança, estabelecer um conjunto de nexos de causalidade que seja suficiente para a identificação dos impactos futuros mais prováveis".[45]

Já a precaução, do latim *praecavere* (*prae* – antes e *cavere* – estar alerta), significa "cautela antecipada", ou seja, trazendo o conceito para o âmbito ambiental, se não há certeza científica quanto a dimensão e reversibilidade do dano ambiental, a atividade potencialmente danosa não pode ser realizada.

Todavia, se a Ciência futuramente conseguir estabelecer qual será o dano causado, sua potencialidade e dimensão, a atividade danosa poderá ser antecipada – e, assim, controlada –, desde que medidas sejam implementadas para evitar e/ou reduzir o dano.

45. ANTUNES, 2009, p. 45.

Princípios do poluidor-pagador e do protetor-recebedor

Além da previsão na Política Nacional de Resíduos Sólidos, o princípio do poluidor-pagador ainda está previsto na Lei da Política Nacional do Meio Ambiente, em seu artigo 4º, inciso VII, que estipula sobre "a imposição, ao poluidor e ao predador, da obrigação de recuperar e/ou indenizar os danos causados".

Esse princípio trata da responsabilidade do poluidor, que, ao realizar qualquer atividade, econômica ou não, danosa ao meio ambiente tem a obrigação de recuperar ou indenizar os danos causados.

Os custos despendidos para a recuperação e indenização quanto aos danos devem ser internalizados; sendo assim, não é o Poder Público que deve arcar com o dano, mas sim o próprio agente poluidor, que deve contabilizar os danos ambientais como parte do processo de produção. Segundo Milaré, em concordância ao exposto:

> Assenta-se este princípio na vocação redistributiva do Direito Ambiental e se inspira na teoria econômica de que os custos sociais externos que acompanham o processo produtivo (*v.g.*, o custo resultante dos danos ambientais) precisam ser internalizados, vale dizer, que os agentes econômicos devem levá-los em conta ao elaborar os custos de produção e, consequentemente, assumi-los. Busca-se, no caso, imputar ao poluidor o custo social da poluição por ele gerada, engendrando um mecanismo de responsabilidade por dano ecológico, abrangente dos efeitos da poluição não somente sobre bens e pessoas, mas sobre toda a natureza. Em termos econômicos, é a internalização dos custos externos.[46]

Figueiredo destaca dois aspectos importantes do princípio do poluidor-pagador: "a responsabilidade civil do poluidor pelo dano causado (recomposição do meio ambiente degradado) e a necessidade de inserção, no custo final, dos custos ambientais que são normalmente exteriorizados no processo produtivo".[47]

Posto isso, o poluidor deve ser responsabilizado civilmente pelos danos causados, mediante o pagamento das custas necessárias

46. MILARÉ, 2009, p. 827.
47. FIGUEIREDO, 2013, p. 143.

à recomposição do ambiente. Isso não significa que o poluidor possa *causar danos ilimitados ao meio ambiente*, desde que faça o ressarcimento proporcional. É necessário que sejam respeitados os limites legais, caso contrário ele deverá responder civil e penalmente, quando couber, pelos danos causados. Do mesmo modo, Granziera afirma:

> Em nenhuma hipótese o princípio do poluidor-pagador significa pagar para poluir. Seu significado refere-se aos custos sociais externos, que acompanham a atividade econômica, que devem ser internalizados, isto é, devem ser considerados pelo empreendedor e computados no custo final no produto.[48]

O princípio do protetor-recebedor é um incentivo financeiro a pessoas físicas ou jurídicas que auxiliam na proteção e preservação do meio ambiente. O princípio do poluidor serve para implementar a justiça econômica, valorizando os serviços ambientais prestados generosamente por uma população ou sociedade, remunerando economicamente essa prestação de serviços, porque, se tem valor econômico, é justo que se receba por ela.

Assim, o princípio do protetor-recebedor é o inverso do princípio do poluidor-pagador, pois ao invés de onerar o agente poluidor, premia o agente que deixa de causar um dano ao meio ambiente.

Princípio da visão sistêmica na gestão

Antes de analisarmos o princípio em si, é necessário entendermos o significado de visão sistêmica, que nada mais é do que a compreensão do sistema como um todo, das partes envolvidas e de suas influências no sistema.

Quanto à gestão de resíduos sólidos, a própria Lei nº 12.305/10, em seu artigo 3º, inciso XI, definiu-a como

> conjunto de ações voltadas para a busca de soluções para os resíduos sólidos, de forma a considerar as dimensões política, econômica,

48. GRANZIERA, 2009, p. 64.

> ambiental, cultural e social, com controle social e sob a premissa do desenvolvimento sustentável.

Posto isso, para que o resultado da gestão dos resíduos sólidos seja eficaz é essencial que seja feita a análise de todas as variáveis ambiental, social, cultural, econômica, tecnológica e de saúde pública, levando em conta o sistema como um todo.

É necessária a compreensão de que uma solução em determinada região pode não ser a mesma para outra, já que a exemplo de Brasil, onde temos um território extenso, as variáveis mudam drasticamente.

Assim, as soluções devem ser pensadas levando em consideração tais diferenças, para que a destinação dos resíduos sólidos seja eficiente, favorável e eficaz ao meio ambiente em seu sentido amplo.

Princípio do desenvolvimento sustentável

Conforme já vimos, o desenvolvimento sustentável é a busca pelo equilíbrio entre o desenvolvimento social e econômico e a proteção e preservação do meio ambiente, *lato sensu*,[49] para as gerações presentes e futuras.

A consciência sobre a importância da sustentabilidade teve início na Conferência de Estocolmo (1972), que globalizou a preocupação ambiental e a necessidade do desenvolvimento sustentável em razão da escassez de recursos e da ligação direta da vida digna com a preservação do meio ambiente.

A Comissão Mundial sobre o Meio Ambiente e Desenvolvimento (1987) definiu o desenvolvimento sustentável como aquele que possibilita que as necessidades das presentes gerações sejam supridas, sem comprometer as gerações futuras a mesma garantia. Em concordância, Fiorillo ensina que

> o princípio do desenvolvimento sustentável tem por conteúdo a manutenção das bases vitais de produção e reprodução do homem

49. Sentido amplo.

> e de suas atividades, garantindo igualmente uma relação satisfatória entre os homens e destes com seu ambiente, para que as futuras gerações também tenham oportunidade de desfrutar os mesmos recursos que temos hoje à nossa disposição.[50]

A observância ao princípio do desenvolvimento sustentável é fundamental, pois é notório que recursos não são inesgotáveis e que a vida depende do meio ambiente para existir. Assim, é primordial que a busca entre o equilíbrio do desenvolvimento econômico e social e o meio ambiente seja uma regra basilar, que deve ser seguida por todos os Estados e seus integrantes.

Princípio da ecoeficiência

Para a compreensão do princípio é necessário entendermos o conceito de ecoeficiência. Segundo definição dada pela *World Business Council for Sustainable Development* (WBCSD),

> a ecoeficiência atinge-se através da oferta de bens e serviços a preços competitivos, que, por um lado, satisfaçam as necessidades humanas e contribuam para a qualidade de vida e, por outro, reduzam progressivamente o impacto ecológico e a intensidade de utilização de recursos ao longo do ciclo de vida, até atingirem um nível que, pelo menos, respeite a capacidade de sustentação estimada para o planeta Terra.[51]

A ecoeficiência, portanto, destina-se à criação de bens e serviços, com uma redução na quantidade de recursos utilizados no processo produtivo, visando uma diminuição do desperdício, da poluição e consequentemente dos resíduos produzidos.

Assim, o princípio da ecoeficiência se relaciona com o desenvolvimento sustentável, que busca o equilíbrio entre o desenvolvimento social e econômico e o meio ambiente, pois traz um meio para que esse equilíbrio seja possível.

---

50. FIORILLO, 2006, p. 27-28.

51. Para mais informações sobre a *World Business Council for Sustainable Development* visitar o endereço eletrônico: <https://www.wbcsd.org/>.

Mediante o princípio da ecoeficiência há uma melhoria na qualidade dos produtos e serviços, já que atende as necessidades humanas, com o mínimo de interferência no meio ambiente, o que resulta em maior qualidade de vida.

Princípio da cooperação

Esse princípio está fundamentado no artigo 225 da Constituição Federal de 1988. Segundo a Carta Magna brasileira, é dever do Poder Público e da coletividade defender e preservar o meio ambiente; assim, para que isso seja possível deve haver uma cooperação entre o Poder Público, o setor empresarial e os demais segmentos da sociedade.

Além dessa cooperação, deve haver maior conscientização ambiental de todos os envolvidos, para que o meio ambiente seja defendido e preservado de maneira eficaz, tendo um papel de destaque em todas as questões que o envolvam.

De nada adianta o Poder Público criar normas e não realizar a correta fiscalização, bem como não há eficácia se as normas não tiverem capacidade coercitiva. Para tanto, deve ficar bem clara a prejudicialidade que o dano ambiental causa a todos.

Assim, é necessário que as empresas pensem em políticas verdes e processos produtivos ecoeficientes e que a população lute pelos direitos ambientais, apoiando políticas voltadas à proteção do meio ambiente, em vez de pensar apenas no desenvolvimento social e econômico.

Dessa forma, o direito ao meio ambiente ecologicamente equilibrado, previsto na Constituição Federal brasileira, será respeitado.

Princípio da responsabilidade compartilhada

A Lei nº 12.305/10, em seu artigo 3º, inciso XVII, conceituou a responsabilidade compartilhada pelo ciclo de vida dos produtos como

> conjunto de atribuições individualizadas e encadeadas dos fabricantes, importadores, distribuidores e comerciantes, dos consumidores e dos titulares dos serviços públicos de limpeza urbana e de manejo dos resíduos sólidos, para minimizar o volume de resíduos sólidos e rejeitos gerados, bem como para reduzir os impactos causados à saúde humana e à qualidade ambiental decorrentes do ciclo de vida dos produtos, nos termos desta Lei.

A responsabilidade compartilhada é a divisão da responsabilidade entre os integrantes da cadeia de consumo e da produção de resíduos sólidos, bem como de alguns membros dos Estados, relativa à gestão e gerenciamentos dos resíduos sólidos, como forma de garantir melhor qualidade de vida.

Um dos meios apresentados pela própria lei para que a responsabilidade compartilhada seja possível é a *logística reversa*, que é um instrumento de desenvolvimento econômico e social caracterizado por um conjunto de ações, procedimentos e meios destinados a viabilizar a coleta e a restituição dos resíduos sólidos ao setor empresarial, para reaproveitamento, em seu ciclo ou em outros ciclos produtivos, ou outra destinação final ambientalmente adequada.

Assim, a devolução dos resíduos sólidos é feita para as empresas produtoras e fornecedoras, que são responsáveis pelo reaproveitamento desse resíduo em seu processo produtivo ou pela destinação ambientalmente adequada do que não for possível aproveitar.

Dessa maneira, há a formação de um ciclo sustentável, pois o resíduo utilizado no processo produtivo é reutilizado ou reciclado para a produção de novos produtos, e o que não for possível aproveitar é devidamente tratado e destinado, para que cause o mínimo dano possível ao meio ambiente.

Assim, o setor empresarial deve realizar um planejamento para que o valor despendido com as questões ambientais seja contabilizado no próprio processo produtivo.

Ademais, a logística reversa pode ser lucrativa às empresas, pois o custo de resíduos reciclados e reutilizados é menor, reduzindo o preço da produção e do produto final.

Princípio do reconhecimento (reutilizável e reciclável)

Conforme definição da Lei nº 12.305/10, artigo 3º, inciso XVI, resíduos sólidos são

> material, substância, objeto ou bem descartado resultante de atividades humanas em sociedade, a cuja destinação final se procede, se propõe proceder ou se está obrigado a proceder, nos estados sólido ou semissólido, bem como gases contidos em recipientes e líquidos cujas particularidades tornem inviável o seu lançamento na rede pública de esgotos ou em corpos d'água, ou exijam para isso soluções técnicas ou economicamente inviáveis em face da melhor tecnologia disponível.

O resíduo sólido, portanto, é o resultado do que foi produzido pelas atividades humanas, mas que, diante da falta de utilidade ou necessidade para o usuário ou consumidor final e para os fornecedores e produtores, foi descartado. Todavia, é de extrema importância observar que o seu descarte não pode ser feito de qualquer forma, sendo necessárias soluções economicamente viáveis e com a melhor tecnologia possível.

Entretanto, existem duas soluções possíveis, apresentadas pela Política Nacional de Resíduos Sólidos, para a destinação dos resíduos sólidos: a *reciclagem* e a *reutilização*. A reciclagem é o

> processo de transformação dos resíduos sólidos que envolve a alteração de suas propriedades físicas, físico-químicas ou biológicas, com vistas à transformação em insumos ou novos produtos (artigo 3º, inciso XIV, da Lei nº 12.305/10).

Já a reutilização é o

> processo de aproveitamento dos resíduos sólidos sem sua transformação biológica, física ou físico-química (artigo 3º, inciso XVII, da Lei nº 12.305/10).

Ambas as soluções são formas de aproveitamento dos resíduos sólidos, a diferença reside na alteração das propriedades biológica, física ou físico-química dos resíduos, que somente ocorre na reciclagem, pois objetiva transformá-los em novos produtos e insumos.

Na reutilização, os resíduos sólidos são utilizados novamente na mesma condição em que se encontravam inicialmente. Para tanto, é necessário que os produtos tenham algumas características iniciais e possibilitem a reutilização sem perda da qualidade inicial.

Assim, deve-se analisar qual é o melhor procedimento no caso concreto, pois em alguns casos não é possível reutilizar ou reciclar devido à característica dos produtos. Cabe ressaltar que o princípio objetiva o reconhecimento do resíduo sólido reutilizável e reciclável como um bem econômico e de valor social, gerador de trabalho e de renda, promovendo a cidadania.

Dessa forma, de acordo com o definido na supracitada lei, o resíduo sólido reutilizável e reciclável é um bem econômico, pois há uma economia em relação à matéria-prima e ao processo produtivo – também de valor social, pois proporciona o crescimento de uma nova área de trabalho que vai desde o coletor dos resíduos até o desenvolvedor de novas tecnologias.

A reciclagem e a reutilização diminuem os danos ao meio ambiente, pois há a redução da retirada de recursos naturais, menor produção de novos resíduos e, automaticamente, redução do descarte indevido. Tais soluções têm um baixo custo de investimento, proporcionando vantagens econômicas às empresas produtoras e fornecedoras, que terão um produto com menor preço, enquanto as empresas e cooperativas de reciclagem e reutilização gerarão novas oportunidades de empregos.

Ademais, esse princípio está relacionado com outros princípios, como o da responsabilidade compartilhada pelo ciclo de vida dos produtos, da ecoeficiência e do desenvolvimento sustentável.

Todavia, a observância desse princípio decorre da conscientização da população, dos consumidores em potencial, dos fornecedores e do Poder Público, para que em conjunto pensem em projetos e meio de implementação da reutilização e reciclagem, a exemplo da coleta seletiva, dos centros e cooperativas de reciclagem e do incentivo fiscal às empresas que utilizam tais formas de aproveitamento dos resíduos sólidos, em observância ao princípio da cooperação entre as diferentes esferas do Poder Público, do setor empresarial e dos demais segmentos da sociedade.

Princípio do respeito às diversidades locais e regionais

O princípio do respeito às diversidades locais e regionais tem o intuito de equalizar o tratamento ambiental em diferentes locais e regiões. Para tanto, as ações ambientais devem levar em conta as diferenças culturais sociais, econômicas e ambientais de cada local, para que as leis, ações e diretrizes sejam eficazes.

Tal princípio se relaciona com o princípio constitucional da isonomia, pois deve haver um tratamento diferenciado entre os desiguais, na medida de suas desigualdades.

Assim, levando em conta o Brasil, que é um país extenso, não é viável ter as mesmas Políticas Ambientais em São Paulo, região altamente industrializada, e na Amazônia, que necessita de outro tipo de regulamentação, principalmente quanto à sua preservação.

As questões ambientais de tais regiões são completamente diferentes, pois em São Paulo, por exemplo, deve haver maior gestão e gerenciamento dos resíduos sólidos, pois tem um alto índice de produção desses resíduos.

Já na Amazônia, que é uma fonte de recursos, deve haver um controle relativo à extração dos recursos, ao desmatamento e reflorestamento das áreas, visando à preservação e à proteção desse patrimônio internacional.

O Poder Público deve, portanto, estabelecer normas, metas e diretrizes levando em consideração as diferenças culturais sociais, econômicas e ambientais de cada local e região, para que haja eficácia na proteção e preservação do meio ambiente e na resolução das questões ambientais de forma personalizada, trazendo benefícios sem discriminação para todo o território brasileiro.

Princípio do direito da sociedade à informação

O princípio do direito da sociedade à informação é necessário para que os integrantes de todos os grupos sociais tenham participação ativa nas questões ambientais.

Para isso, é necessária a divulgação de informações que possibilitem a formação de um pensamento crítico-ambiental, propiciando a argumentação e a criação de ideias e de projetos que auxiliem o Poder Público no controle da proteção e preservação ambiental e na resolução das questões ambientais. De acordo com Machado:

> A informação ambiental não tem o fim exclusivo de formar a opinião pública. Valioso formar a consciência ambiental, mas com canais próprios, administrativos e judiciais, para manifestar-se. O grande destinatário da informação – povo, em todos os seus segmentos, inclusive científico não-governamental – tem o que dizer e opinar.[52]

Diante do acesso à informação, portanto, há a criação de uma consciência ambiental, que é necessária não apenas para a formação de uma opinião pública, mas para que as pessoas lutem pelos direitos ambientais, participem de decisões do Poder Público relativas ao meio ambiente, prefiram empresas e produtos que sigam políticas verdes e tomem atitudes que possibilitem que as próximas gerações tenham acesso aos recursos atuais e ao meio ambiente equilibrado. Figueiredo afirma:

> A falta de informações impossibilitaria a participação popular nas audiências públicas previstas nos Estudos de Impacto Ambiental, na formulação de propostas nas reuniões dos Conselhos de Meio Ambiente, inviabilizando, por consequência, até mesmo o ajuizamento de ações populares ambientais ou ações civis públicas.[53]

Dessa forma, resta claro que o princípio do direito da sociedade à informação está intimamente ligado ao controle social, pois sem informações os integrantes dos grupos sociais não teriam condições de agir em prol do meio ambiente, controlando as ações do Poder Público por meio de mecanismos como os que foram apresentados pelo doutrinador supracitado.

52. MACHADO, 2010, p. 100.
53. FIGUEIREDO, 2013, p. 157.

Princípios da razoabilidade e da proporcionalidade

Segundo Ávila:

> O postulado da razoabilidade aplica-se, primeiro, como diretriz que exige a relação das normas gerais com as individualidades do caso concreto, quer mostrando sob qual perspectiva a norma deve ser aplicada, quer indicando em quais hipóteses o caso individual, em virtude de suas especificidades, deixa de se enquadrar na norma geral. Segundo, como diretriz que exige uma vinculação das normas jurídicas com o mundo com o qual elas fazem referência, seja reclamando a existência de um suporte empírico e adequado a qualquer ato jurídico, seja demandando uma relação congruente entre a medida adotada e o fim que ela pretende atingir. Terceiro, como diretriz que exige a relação de equivalência entre duas grandezas.[54]

Logo, o princípio da razoabilidade é uma ferramenta utilizada pelo Poder Judiciário para que as decisões sejam sensatas por meio da

I – adequação da norma ao caso concreto;
II – decisão de qual norma que melhor se aplicaria ao caso, na hipótese de conflito normativo de normas do mesmo nível hierárquico; e
III – determinação do princípio aplicável, também no caso de conflito, levando em consideração o bom senso, a coerência e as especificidades dos casos concretos na solução dos conflitos.

Já o princípio da proporcionalidade impõe limites à atuação estatal, determinando a observância de uma justa medida entre o direito e a norma que o restringe, ou, ainda, impõe que a atuação estatal não seja insuficiente para uma proteção adequada e eficaz de direitos, devendo, em ambos os casos, a relação entre o meio e o fim pretendido ser aquela que promove a máxima efetividade dos direitos envolvidos.[55]

---

54. ÁVILA, 2005, p. 131.

55. Ver COSTA: **Proporcionalidade:** uma clarificação do conceito. Disponível no endereço eletrônico: <https://seer.agu.gov.br/index.php/AGU/article/view/256>.

Todavia, para que tal princípio seja aplicado devem ser observadas a adequação, a necessidade e a proporcionalidade em sentido estrito da medida em relação ao fim pretendido.

A adequação analisa se o meio utilizado é adequado para se alcançar o fim pretendido. Já a necessidade busca, dentre os meios adequados, o menos gravoso. Por fim, a proporcionalidade em sentido estrito é a ponderação entre e benefício trazido pelo objetivo desejado e o dano trazido ao bem jurídico tutelado.

Dessa forma, o princípio da proporcionalidade é necessário nas decisões sobre a realização de atividades agressivas ao meio ambiente, verificando qual dos procedimentos é o menos danoso para alcançar o objetivo desejado e pesando se o benefício trazido pela atividade é maior do que o dano causado para o meio ambiente.

O Direito Ambiental na Argentina

O Direito Ambiental argentino também surgiu com a influência da Conferência de Estocolmo, que conforme já vimos estabeleceu metas, princípios e diretrizes para a preservação, proteção e a melhoria do meio ambiente humano. De acordo com Botassi,

> a Constituição de 1853, em sua redação original, não possuía disposições ambientais, todavia era possível inferir normas defensoras do ambiente humano e da qualidade de vida de algumas de suas normas e princípios fundamentais.[56]

No entanto, após a reforma de 1994, a Constituição da Nação Argentina[57] passou a regular de maneira mais ampla e sistêmica a matéria ambiental e dispôs que:

> Art. 41. Todos os habitantes gozam do direito a um ambiente saudável e equilibrado, apto para o desenvolvimento humano e para que as atividades produtivas satisfaçam às necessidades presentes

56. BOTASSI, p. 103-104.

57. Aprovada por uma Assembleia Constituinte em 1953, foi alterada por sete vezes, sendo a última em 1994.

> sem comprometer às das gerações futuras; e têm o dever de preservá-lo. O dano ambiental gerará prioritariamente a obrigação de reparar, conforme estabeleça a lei. As autoridades providenciarão a proteção deste direito, a utilização racional dos recursos naturais, bem como a preservação do patrimônio natural e cultural, da biodiversidade, e da informação e educação ambientais. É dever da Nação promulgar as normas que contenham os pressupostos mínimos de proteção, e das províncias as normas necessárias para complementá-las, sem que aquelas alterem as jurisdições locais. É proibido o ingresso no território nacional de resíduos real ou potencialmente perigosos, e dos radioativos.
>
> [...]
>
> Art. 43. Qualquer pessoa pode interpor ação expedita e rápida de proteção, sempre que não exista outro remédio mais adequado, contra todo ato ou omissão de autoridades públicas ou de particulares, que de forma real ou iminente lesione, restrinja, modifique ou ameace, com arbitrariedade ou ilegalidade manifesta, direitos e garantias reconhecidos por esta Constituição, por algum tratado ou lei. Neste caso, o juiz poderá declarar a inconstitucionalidade da norma em que se baseie o ato ou omissão lesiva. Esta ação poderá ser interposta contra qualquer forma de discriminação e em relação aos direitos que protejam o meio ambiente.

Através da análise dos artigos supracitados, é possível verificar que a Constituição da Nação Argentina determina que o direito ao meio ambiente saudável e equilibrado é garantido a todos os habitantes. Dessa forma, abrange todas as pessoas que residem no território nacional, incluindo os estrangeiros.

A reforma constitucional de 1994 consagrou o direito a um ambiente saudável e o correlativo dever de preservá-lo, e que por sua vez permita um desenvolvimento sustentável eficaz. Incorpora temas importantes como os pressupostos mínimos de proteção do ambiente, o uso racional dos recursos naturais, a recomposição de danos ambientais, a educação e a informação ambientais, a proteção da biodiversidade e a preservação do patrimônio natural e cultural.

Podemos ainda observar que há a preocupação com o desenvolvimento sustentável, pois preceitua que o meio ambiente saudável e equilibrado é necessário para que o desenvolvimento humano e as atividades produtivas realizem-se em sua plenitude. (A abrangência do direito é ampla, bem como na Constituição Federal brasileira de 1988, que dispõe que o meio ambiente devidamente equilibrado é um direito de todos.)

Todavia, também dispõe que tal desenvolvimento deve satisfazer às necessidades das gerações presentes sem comprometer às das gerações futuras, em concordância ao estabelecido no relatório Nosso Futuro Comum, elaborado pela Comissão Mundial sobre o Meio Ambiente e Desenvolvimento.

Logo, deve haver uma solidariedade intergeracional, pois as gerações presentes, através da consciência da escassez dos recursos existentes, devem utilizar os recursos de forma racional para garantir que as futuras gerações usufruam da mesma forma desses recursos.

A Constituição argentina ainda prevê a regulação através de normas, da proteção do meio ambiente, do uso racional dos recursos naturais, bem como da preservação do patrimônio natural e cultural, da biodiversidade e da informação e educação ambientais.

Assim, há uma ampla proteção quanto ao meio ambiente em seu sentido amplo. Inclusive, é de extrema importância a preocupação quanto à educação ambiental, que é fundamental para que haja a construção de uma conscientização da população no que se refere à importância do meio ambiente e à escassez dos recursos existentes.

A Carta Magna argentina ainda proíbe expressamente a entrada no território nacional de resíduos real ou potencialmente perigosos e de resíduos radioativos. Como vimos no artigo 43 da Constituição, está prevista a interposição de uma ação rápida e fácil contra qualquer ato ou omissão de autoridades públicas ou particulares, que de forma real ou iminente lesione, restrinja, modifique ou ameace, com arbitrariedade ou ilegalidade manifesta, direitos e garantias relativos ao meio ambiente.

O interessante dessa ação é que a sua interposição pode ser feita por qualquer pessoa, o que garante maior proteção e defesa do meio ambiente. Cabe ressaltar que tal disposição está de acordo com o princípio da cooperação entre o Poder Público e os demais setores da sociedade, já que há um dispositivo que possibilita a participação ativa dos habitantes do território nacional.

Assim, resta claro que a Constituição da Argentina é muito abrangente quanto à proteção e preservação do direito ambiental e segue as diretrizes e princípios globais, presentes em documentos como a Declaração da ONU no Ambiente Humano, Nosso Futuro Comum, dentre outros.

Ademais, é inovadora ao criar uma ação que possibilita que qualquer interessado na defesa do meio ambiente participe ativamente para que esse objetivo seja alcançado.

Responsabilidade ambiental

Conceito de dano ambiental

Antes de adentramos na responsabilidade ambiental é necessária a compreensão do conceito de dano ambiental.

O dano ambiental é a lesão ao bem tutelado, no caso em questão, o meio ambiente ecologicamente equilibrado. Tal lesão é causada por ação ou omissão, que pode ser culposa – dolo e culpa *stricto sensu*[58] – ou não, e enseja a responsabilização ambiental, nos âmbitos penal, civil ou administrativo, dependendo do caso concreto. Segundo Granziera,

> o dano consiste no prejuízo, na perda do valor de um determinado bem, causada por uma ação – ou omissão – específica. O dano é a alteração de uma coisa, em sentido negativo. O dano ambiental seria um prejuízo causado ao meio ambiente equilibrado.[59]

Todavia, consoante Milaré, o dano ambiental é aquele

> sofrido pelo conjunto do meio natural ou por um de seus componentes, levado em conta como patrimônio coletivo, independentemente de suas repercussões sobre pessoas e bens.[60]

---

58. Sentido mais restrito.
59. GRANZIERA, 2009, p. 579.
60. MILARÉ, 2015, p. 257.

Assim, o dano ambiental é aquele que atinge o meio ambiente ecologicamente equilibrado, que é considerado patrimônio coletivo, bem de uso comum do povo (conforme o artigo 225 da Constituição Federal brasileira de 1988).

Responsabilidade civil, administrativa e penal

A responsabilização decorrente de um dano ambiental pode ocorrer nas esferas *penal*, *civil* e *administrativa*. Todavia, é necessária uma análise do caso concreto, para que seja verificado em quais esferas o ato lesivo enseja responsabilização, já que há uma independência entre elas.

O artigo 225, § 3º da Constituição Federal brasileira de 1988, determina que

> as condutas e atividades consideradas lesivas ao meio ambiente sujeitarão os infratores, pessoas físicas ou jurídicas, a sanções penais e administrativas, independentemente da obrigação de reparar os danos causados.

Logo, se o infrator sofrer alguma sanção penal, isso não significa que não possa ser igualmente responsabilizado civil e administrativamente. Da mesma forma, não há a obrigação de responsabilização nos três âmbitos; conforme já mencionado, dependerá do caso concreto.

Em concordância, ensina Granziera que

> o princípio da interdependência das responsabilidades implica que o mesmo fato pode dar origem a sanções civis, penais e administrativas, que se aplicam cumulativamente. Essa independência, todavia, não é absoluta.[61]

Conforme exemplifica Figueiredo:

> Uma eventual absolvição do infrator na esfera penal não o exonera automaticamente do dever de reparação do dano causado (respon-

61. GRANZIERA, 2009, p. 582.

> sabilidade civil), nem tampouco das sanções administrativas (p. ex., multa, interdição de atividades, etc.). Da mesma forma, o simples pagamento de uma multa ambiental não desobriga o poluidor de reparar civilmente o dano que causou.[62]

Posto isso, as responsabilidades civil, penal e administrativa são independentes, ou seja, podem ser aplicadas cumulativamente ou não, dependendo do exame do caso concreto.

Responsabilidade Civil e o Direito Ambiental

Conceito de Responsabilidade civil

A responsabilidade civil é a obrigação de reparação de um dano causado a terceiro, na tentativa de restabelecer o equilíbrio anteriormente existente. No entanto, diante da impossibilidade de reparação, através da reconstituição do *status quo*[63] anterior, caberá o ressarcimento através de uma indenização, ou seja, do pagamento de uma quantia em dinheiro.

Consoante Édis Milaré,

> a responsabilidade civil pressupõe prejuízo a terceiro, ensejando pedido de reparação do dano, consistente na recomposição do *status quo ante* (repristinação - obrigação de fazer) ou numa importância em dinheiro (indenização - obrigação de dar).[64]

Em concordância, Silva determina que a responsabilidade civil "designa a obrigação de reparar o dano ou de ressarcir o dano, quando injustamente causado a outrem".[65]

Assim, diante da existência de um dano injustamente causado a terceiro, haverá a obrigação à justa reparação, que deverá ser rea-

---

62. FIGUEIREDO, 2013, p. 173.

63. Vem da expressão latina *status quo ante bellum*, que significa "estado em que as coisas se encontravam antes da guerra". *Status quo* pode ser traduzido como "estado atual".

64. MILARÉ, 2009, p. 827.

65. SILVA, 2009, p. 1214.

lizada na exata medida do dano, de forma que não haja prejuízo para a vítima, tampouco enriquecimento ilícito. Em suma, a responsabilidade civil nada mais é do que a obrigação do agente de reparar ou ressarcir o dano por ele causado.

Responsabilidade civil objetiva e subjetiva

A responsabilidade civil pode ser classificada em objetiva e subjetiva, sendo que na responsabilidade civil subjetiva a comprovação do dolo ou culpa *stricto sensu* é requisito para a responsabilização do agente causador do dano, ou seja, só haverá reparação do prejuízo caso seja comprovada a culpa *lato sensu*.

Por outro lado, na responsabilidade civil objetiva, conforme ensina Gonçalves,

> não se exige prova de culpa do agente para que seja obrigado a reparar o dano. Em alguns casos, ela é presumida pela lei. Em outros, é de todo prescindível (responsabilidade independentemente de culpa).[66]

Portanto, na responsabilidade civil objetiva, o agente causador do dano tem a obrigação de repará-lo independentemente de culpa *lato sensu*. Todavia, deve ser comprovada a existência de nexo de causalidade entre o ato do agente e o dano.

O Código Civil brasileiro, em seu artigo 186, dispõe que "aquele que, por ação ou omissão voluntária, negligência ou imprudência, violar direito e causar dano a outrem, ainda que exclusivamente moral, comete ato ilícito".

Dessa forma, o Código Civil pátrio acolhe com regra geral a responsabilidade civil subjetiva, já que determina que aquele que através de uma conduta culposa – dolo ou culpa *lato sensu* – causar dano a outrem, comete ato ilícito, devendo ser responsabilizado na medida do prejuízo causado.

Para tanto, é necessária a observância do nexo de causalidade entre a conduta e o dano, já que é um dos requisitos da responsabi-

---

66. GONÇALVES, 2011, p. 19.

lidade civil subjetiva. Existem casos em que a responsabilidade civil é objetiva, ou seja, há a responsabilização do agente independentemente de culpa, como no caso da responsabilidade civil ambiental, como veremos a seguir.

Responsabilidade civil por dano ambiental

A Política Nacional do Meio Ambiente determina no artigo 14, § 1º, que o poluidor é "obrigado, independentemente da existência de culpa, a indenizar ou reparar os danos causados ao meio ambiente e a terceiros, afetados por sua atividade".

Diante da análise do artigo supracitado, verifica-se que em relação ao meio ambiente o legislador acolheu a responsabilidade civil objetiva, pois a indenização ou reparação dos danos ambientais independe de culpa do agente, devendo ser comprovado somente o nexo causal entre o ato e o dano.

Ademais, foi observada a teoria do risco, na qual, em decorrência da potencialidade lesiva da atividade exercida, o agente deve ser responsabilizado por qualquer dano ambiental que venha a causar, independentemente de culpa.

A teoria do risco também está prevista no Código Civil, que dispõe que

> haverá obrigação de reparar o dano, independentemente de culpa, nos casos especificados em lei, ou quando a atividade normalmente desenvolvida pelo autor do dano implicar, por sua natureza, risco para os direitos de outrem.

A responsabilidade civil no Direito Ambiental deve ser necessariamente objetiva, pois conforme explica Granziera:

> Quando da formulação do Direito Ambiental, o sistema de responsabilidade então vigente – subjetiva – não bastava para responsabilizar os autores de danos ambientais. Muitas vezes, o dano ocorre sem que houvesse uma conduta dolosa ou culposa, o que eximia de pronto os autores da responsabilidade pelo dano causado.[67]

---

67. GRANZIERA, 2009, p. 586.

Diante da relevância do meio ambiente, que é considerado um direito coletivo e difuso, não é possível a utilização da regra geral que consagra a responsabilidade civil subjetiva.

Logo, em razão da especialidade da matéria, foi fundamental uma maior proteção do meio ambiente, mediante a adoção da responsabilidade civil objetiva, em que o agente responde independentemente de dolo ou culpa pelo dano causado, bem como pelos danos resultantes da potencialidade lesiva da atividade exercida.

O legislador acertou ao consagrar a teoria do risco da atividade, pois o empreendedor utiliza os recursos naturais como matéria-prima para o seu negócio, gerando o lucro. Assim, nada mais justo que ele seja responsável pelos danos causados ao meio ambiente em decorrência de sua atividade, independentemente de dolo ou culpa, já que a lesividade está intrínseca na atividade.

Quanto à legitimidade ativa para propositura da ação indenizatória, o próprio artigo 14 da Constituição brasileira, no § 1º, dispõe que "o Ministério Público da União e dos Estados terá legitimidade para propor ação de responsabilidade civil e criminal, por danos causados ao meio ambiente". Assim, o Ministério Público tem legitimidade ativa para propor ações de responsabilidade civil e criminal, tanto no âmbito federal quanto no estadual.

Cabe ressaltar que a responsabilidade civil também objetiva a prevenção do dano, pois é uma forma de conscientizar a população e as empresas sobre as consequências do dano causado, reprimindo futuras ações danosas ao meio ambiente.

É evidente que a prevenção é a melhor forma de preservação e proteção do meio ambiente, pois evita que o dano aconteça. Logo, o estímulo através de medidas coercitivas e de políticas de conscientização sobre a prevenção do dano ambiental é de extrema importância para a manutenção do meio ambiente ecologicamente equilibrado. Em conformidade com o exposto, Granziera afirma:

> Em primeiro lugar deve ser obrigatória a prevenção. Em segundo lugar, a reparação do dano. Somente quando já tiver ocorrido o dano e este tiver um caráter irreversível é que deve caber a indeni-

> zação, sempre cumulada com a reparação, se não houver meio de reparar integralmente o dano ocorrido.[68]

Outro ponto que merece destaque é a responsabilidade civil solidária no Direito Ambiental prevista de forma intrínseca no artigo 170, inciso VI, da Constituição Federal de 1988. Conforme expõe Figueiredo:

> Por não ter, em geral, origem numa única fonte, a responsabilidade civil pelo dano ambiental está amparada pela aplicação do princípio da solidariedade civil, sendo lícita a escolha, de um dentre múltiplos agentes que concorreram para o mesmo risco de dano, para responder pelo resultado[69].

Logo, no caso de dano ambiental qualquer agente que concorreu direta ou indiretamente para o resultado danoso pode responder civilmente pelo dano causado. Todos os responsáveis, portanto, podem ser intimados para responder ao processo, assim como só um dos agentes poluidores (litisconsórcio facultativo).

Uma forma de amenização do impacto econômico na empresa gerado pelos recursos utilizados na reparação dos danos ambientais, bem como de maior garantia de reparação do dano, é o seguro ambiental. Segundo Milaré "o seguro ambiental garante a disponibilidade dos recursos financeiros necessários à repristinação total do dano causado ao ambiente, mesmo na hipótese de insolvência do poluidor".[70]

Assim, o seguro ambiental é um recurso que protege tanto a empresa que pratica atividades potencialmente lesivas, como o meio ambiente, pois garante maior efetividade na reparação do dano, principalmente nos casos de insolvência do poluidor. Portanto, diante da rigidez da responsabilidade civil ambiental, o seguro ambiental é um ótimo investimento em longo prazo, diante da incerteza da ocorrência de danos.

Frente ao exposto, a responsabilidade civil no âmbito do Direito ambiental é objetiva e solidária, ou seja, o agente causador do

68. Idem, p. 589.
69. FIGUEIREDO, 2013, p. 177-178.
70. MILARÉ, 2009, p. 968.

dano responde pelo resultado independentemente de culpa *lato sensu* e os agentes poluidores que concorreram direta ou indiretamente para o resultado danoso respondem solidariamente.

Responsabilidade penal por dano ambiental

A Lei de Crimes Ambientais dispõe em seu artigo 2º:

> Quem, de qualquer forma, concorre para a prática dos crimes previstos nesta Lei, incide nas penas a estes cominadas, na medida da sua culpabilidade, bem como o diretor, o administrador, o membro de conselho e de órgão técnico, o auditor, o gerente, o preposto ou mandatário de pessoa jurídica, que, sabendo da conduta criminosa de outrem, deixar de impedir a sua prática, quando podia agir para evitá-la.

A Constituição Federal de 1988 também prevê no artigo 225, § 3º que

> as condutas e atividades consideradas lesivas ao meio ambiente sujeitarão os infratores, pessoas físicas ou jurídicas, a sanções penais e administrativas, independentemente da obrigação de reparar os danos causados.

Assim, a lei de crimes ambientais, amparada pela Constituição Federal, determina que a responsabilidade penal por dano ambiental é subjetiva, pois o agente que concorre para a prática dos crimes previstos na supracitada lei responde na medida de sua culpabilidade.

O agente causador do dano só irá responder penalmente ao crime previsto se for comprovado o dolo ou a culpa *stricto sensu*, bem como o nexo de causalidade entre a ação ou omissão e o resultado danoso.

É importante destacar o princípio da intervenção mínima, que determina que o Direito Penal deve ser a *ultima ratio*, ou seja, somente deve ser empregado quando for de extrema necessidade para a defesa do bem jurídico tutelado. Consoante Milaré:

> A razão de ser do princípio da intervenção mínima reside no reconhecimento da liberdade como direito fundamental do homem e valor supremo para a vida em sociedade, essencial no Estado Democrático de Direito (...). Assim, qualquer ação estatal que envolva restrição a esse direito público subjetivo encontra seus limites na exata medida do necessário e suficiente para atender ao fim público a ser tutelado em cada situação.[71]

Logo, diante do caráter fundamental do direito à liberdade, não é possível que o Direito Penal seja utilizado em todas as situações, já que as penas são mais severas, podendo até mesmo atingir a liberdade. Portanto, deve ser sobrepujada a necessidade de previsão do ato lesivo como tipo penal, bem como a importância e relevância do bem jurídico tutelado para a sociedade.

Todavia, apesar do princípio da intervenção mínima e da criação da Lei de Crimes Ambientais, que amparou o disposto na Constituição Federal, as penas previstas na referida lei são muito brandas se comparadas ao dano causado ao meio ambiente ecologicamente equilibrado.

Diante da relevância do meio ambiente, que inclusive está diretamente relacionado com o direito à vida e o princípio da dignidade da pessoa humana, em concordância com o princípio da proporcionalidade, um dos pilares no Direito Penal, as penas deveriam ser proporcionais ao resultado danoso.

Sobre o tema discutido, Granziera afirma que

> a importância de atribuir ao poluidor a responsabilidade penal, cabe considerar que, em termos de gravidade de penas e valor de multas, pelo menos, essa responsabilização ficou muito aquém do que seria necessário.[72]

A pena no Direito Penal tem caráter retributivo, dando ao agente a pena devida e proporcional ao ato ilícito que cometeu. Mas também tem um caráter preventivo, que visa inibir a realização de novos atos ilícitos, protegendo o bem tutelado.

---

71. Idem, p. 973.
72. GRANZIERA, 2009, p. 626.

Com a desproporcionalidade da pena e do dano causado, há a perda da eficácia da pena, pois ela não cumpre suas finalidades e os sujeitos continuam cometendo as atividades ilícitas.

Posto isso, é necessária a reforma da Lei de Crimes Ambientais para que as penas sejam proporcionais à gravidade do dano causado, pois somente assim haverá a devida responsabilização penal do agente poluidor.

Responsabilidade administrativa por dano ambiental

A responsabilidade administrativa ambiental, assim como a responsabilidade penal, tem previsão no artigo 225, § 3º, da Constituição Federal. Vejamos:

> As condutas e atividades consideradas lesivas ao meio ambiente sujeitarão os infratores, pessoas físicas ou jurídicas, a sanções penais e *administrativas*, independentemente da obrigação de reparar os danos causados (grifo do autor).

Ademais, a Lei nº 9.605/98, combinada com o Decreto nº 6.514/08,[73] que dispõe sobre as infrações e sanções administrativas ao meio ambiente, regulam sobre a responsabilidade administrativa ambiental, tratando sobre as infrações e sanções, a competência e o processo administrativos. Conforme dispõe o *caput* do artigo 70 da Lei nº 9.605/98, "considera-se infração administrativa ambiental toda ação ou omissão que viole as regras jurídicas de uso, gozo, promoção, proteção e recuperação do meio ambiente". A mesma Lei ainda determina no artigo 70, § 1º:

> São autoridades competentes para lavrar auto de infração ambiental e instaurar processo administrativo os funcionários de órgãos ambientais integrantes do Sistema Nacional de Meio Ambiente – SISNAMA, designados para as atividades de fiscalização, bem como os agentes das Capitanias dos Portos, do Ministério da Marinha.

---

73. O Decreto nº 6.514, de 22 de julho de 2008, regulamenta a Lei de Crimes Ambientais.

Cabe ressaltar que a competência das autoridades para lavrar o auto de infração e instaurar o processo administrativo decorre do poder de polícia, que

> é a prerrogativa da Administração Pública, que legitima a intervenção na esfera jurídica do particular em defesa de interesses maiores relevantes para a coletividade, e desde que fundado em lei anterior que o discipline e defina seus contornos.[74]

Dessa forma, o que possibilita o poder de polícia das autoridades administrativas é a necessidade de zelar pelos interesses coletivos e tal poder está fundamentado no princípio da primazia do interesse coletivo em detrimento do individual, em que há a valorização do bem-estar coletivo.

O Poder Público, portanto, tem a capacidade de lavrar o auto de infração, bem como de instaurar o processo administrativo; todavia, para que isso ocorra deve existir lei anterior que defina como será o processo administrativo.

Tal determinação decorre da segurança jurídica, pois se não houvesse estipulação sobre quais são as infrações e sanções, as autoridades competentes e como ocorrerá o processo administrativo, a administração pública poderia realizar todos os atos da forma que melhor lhe atendesse, o que causaria uma enorme insegurança coletiva, pois cada indivíduo poderia ser processado administrativamente de formas diversas.

Em relação às sanções, o artigo 72 da Lei 9.605 de 12 de fevereiro de 1988 (Lei de Crimes Ambientais) determina que as infrações administrativas serão punidas mediante:

I – advertência;
II – multa simples;
III – multa diária;
IV – apreensão dos animais, produtos e subprodutos da fauna e flora, instrumentos, petrechos, equipamentos ou veículos de qualquer natureza utilizados na infração;

---

74. MILARÉ, 2009, p. 878.

V – destruição ou inutilização do produto;
VI – suspensão de venda e fabricação do produto;
VII – embargo de obra ou atividade;
VIII – demolição de obra;
IX – suspensão parcial ou total de atividades;
X – (VETADO);
XI – restritiva de direitos.

Quanto à prescrição, o Decreto nº 6.514/08 determina no *caput* do artigo 21 que

> prescreve em cinco anos a ação da administração objetivando apurar a prática de infrações contra o meio ambiente, contada da data da prática do ato, ou, no caso de infração permanente ou continuada, do dia em que esta tiver cessado.

Assim, se a infração administrativa for instantânea, o prazo prescricional se inicia na data da prática do ato. No entanto, se a infração for permanente ou continuada, o prazo prescricional tem como termo o dia em que estiver cessado o ato ilícito. Cabe ressaltar que a ação de apuração de infração ambiental se inicia com a lavratura do auto de infração (artigo 21, § 1º do Decreto nº 6.514/08).

Portanto, se decorridos cinco anos da data da prática do ato danoso, no caso de infração instantânea, ou da data da cessação da prática do ato ilícito, no caso de infração permanente ou continuada, sem que a administração tenha lavrado o auto de infração, estaremos diante da prescrição da pretensão punitiva do Estado.

Por fim, a interrupção da prescrição ocorre, de acordo com o artigo 22 do supracitado Decreto, nos seguintes casos:

I – pelo recebimento do auto de infração ou pela cientificação do infrator por qualquer outro meio, inclusive por edital;
II – por qualquer ato inequívoco da administração que importe apuração do fato; e
III – pela decisão condenatória recorrível.

Responsabilidade de fabricantes, importadores, distribuidores e comerciantes

Sem prejuízo das obrigações estabelecidas na política de gerenciamento de resíduos sólidos e com vistas a fortalecer a responsabilidade compartilhada e seus objetivos, os fabricantes, importadores, distribuidores e comerciantes têm responsabilidades que abrangem, observando o artigo 31 da Lei nº 12.305/10, a seguir:

> I – investimento no desenvolvimento, na fabricação e na colocação no mercado de produtos:
> a) que sejam aptos, após o uso pelo consumidor, à reutilização, à reciclagem ou a outra forma de destinação ambientalmente adequada;
> b) cuja fabricação e uso gerem a menor quantidade resíduos sólidos possível.
>
> II – divulgação de informações relativas às formas de evitar, reciclar e eliminar os resíduos sólidos associados a seus respectivos produtos;
>
> III – recolhimento dos produtos e dos resíduos remanescentes após o uso, assim como sua subsequente destinação final ambientalmente adequada, no caso de produtos objeto de sistema de logística reversa na forma do art. 33;
>
> IV – compromisso de, quando firmados acordos ou termos de compromisso com o Município, participar das ações previstas no plano municipal de gestão integrada de resíduos sólidos, no caso de produtos ainda não inclusos no sistema de logística reversa.

É de responsabilidade dos fabricantes, importadores, distribuidores e comerciantes, como escrito no artigo 31, § 3º da mesma Lei:[75]

---

75. Informações complementares no Decreto nº 7.404, de 23 de dezembro de 2010, que institui a Política Nacional de Resíduos Sólidos, cria o Comitê Interministerial da Política Nacional de Resíduos Sólidos e o Comitê Orientador para a Implantação dos Sistemas de Logística Reversa.

I – implantar procedimentos de compra de produtos ou embalagens usados;
II – disponibilizar postos de entrega de resíduos reutilizáveis e recicláveis;
III – atuar em parceria com cooperativas ou outras formas de associação de catadores de materiais reutilizáveis e recicláveis.

[...]

§ 6º Os fabricantes e os importadores darão destinação ambientalmente adequada aos produtos e às embalagens reunidos ou devolvidos, sendo o rejeito encaminhado para a disposição final ambientalmente adequada, na forma estabelecida pelo órgão competente do Sisnama e, se houver, pelo plano municipal de gestão integrada de resíduos sólidos.

[...]

§ 8º Com exceção dos consumidores, todos os participantes dos sistemas de logística reversa manterão atualizadas e disponíveis ao órgão municipal competente e a outras autoridades informações completas sobre a realização das ações sob sua responsabilidade.

Poluição

Conceito

De acordo com o artigo 3º, inciso III e alíneas, da Política Nacional do Meio Ambiente, a poluição é a degradação da qualidade ambiental resultante de atividades que direta ou indiretamente:

a) prejudiquem a saúde, a segurança e o bem-estar da população;
b) criem condições adversas às atividades sociais e econômicas;
c) afetem desfavoravelmente a biota;
d) afetem as condições estéticas ou sanitárias do meio ambiente;
e) lancem matérias ou energia em desacordo com os padrões ambientais estabelecidos.

A lei permite que, até certo limite, uma substância pode ser lançada sem que isso configure, juridicamente, poluição. É claro que alguma alteração ocorre no ambiente. Mas o entendimento é de que os lançamentos dentro dos padrões legalmente estabelecidos não chegam a causar poluição. Já os lançamentos efetuados além dos limites fixados caracterizam juridicamente a poluição independentemente da existência de outros impactos no meio ambiente.

Resíduos

Conceito

O resíduo, em sentido amplo, é tudo aquilo que é gerado de forma excedente através da atividade humana. Apesar de o resíduo sólido ter um maior destaque atualmente, também existem os resíduos líquidos e gasosos. Segundo conceitua Milaré, os resíduos constituem o remanescente das atividades humanas – domésticas, industriais, agrícolas, etc. – e,

> de uma maneira ou de outra, são lançados no solo, nos rios ou na atmosfera. Entre eles encontram-se os efluentes (líquidos), as emissões atmosféricas (gases e material particulado) e os resíduos sólidos (entre os quais o lixo domiciliar).[76]

Assim, independentemente da origem dos resíduos, que pode ser de diferentes setores industriais, dos hospitais ou mesmo do lixo domiciliar, os resíduos são decorrentes de alguma atividade humana. A Lei nº 12.305/2010, em seu artigo 3º, inciso XVI, define os resíduos sólidos como:

> Material, substância, objeto ou bem descartado resultante de atividades humanas em sociedade, a cuja destinação final se procede, se propõe proceder ou se está obrigado a proceder, nos estados sólido ou semissólido, bem como gases contidos em recipientes e líquidos cujas particularidades tornem inviável o seu lançamento na rede

76. Milaré, 2015, p. 764.

> pública de esgotos ou em corpos d'água, ou exijam para isso soluções técnicas ou economicamente inviáveis em face da melhor tecnologia disponível.

Dessa forma, há um tratamento conceitual abrangente, já que a lei considera como resíduos sólidos não só materiais, substâncias e objetos nos estados sólidos e semissólidos, mas também nos estados gasosos e líquidos que precisem de um tratamento diferenciado para a sua destinação final, diante do potencial poluidor, inerente às substâncias.

Diferença entre resíduo e lixo

De acordo com Fiorillo, lixo e resíduo tendem, de forma genérica, a significar a mesma coisa.

> Podemos afirmar que constituem toda substância resultante da não-interação entre o meio e aqueles que o habitam, ou somente entre estes, não incorporada a esse meio, isto é, que determina um descontrole entre os fluxos de certos elementos em um dado sistema ecológico. Em outras palavras, é o "resto", a "sobra" não reaproveitada pelo próprio sistema, oriunda de uma desarmonia ecológica.[77]

Podemos notar certa diferença entre lixo e resíduo, pois o lixo não tem valor econômico, enquanto o resíduo, se for reutilizado ou reciclado, pode ter um valor econômico considerável. No entanto, o referido autor ainda afirma que, do ponto de vista econômico, "o lixo é o resto sem valor, enquanto resíduo é meramente o resto".

Classificação dos resíduos

A Lei nº 12.305/10 classifica, nos incisos do artigo 13, os resíduos sólidos quanto à origem e à periculosidade. Assim, para efeitos do estudo desta classificação, analisaremos o referido artigo.

---

77. FIORILLO, 2006, p. 177.

Art. 13. Para os efeitos desta Lei, os resíduos sólidos têm a seguinte classificação:

I – quanto à origem:

a) resíduos domiciliares: os originários de atividades domésticas em residências urbanas;
b) resíduos de limpeza urbana: os originários da varrição, limpeza de logradouros e vias públicas e outros serviços de limpeza urbana;
c) resíduos sólidos urbanos: os englobados nas alíneas "a" e "b";
d) resíduos de estabelecimentos comerciais e prestadores de serviços: os gerados nessas atividades, excetuados os referidos nas alíneas "b", "e", "g", "h" e "j";
e) resíduos dos serviços públicos de saneamento básico: os gerados nessas atividades, excetuados os referidos na alínea "c";
f) resíduos industriais: os gerados nos processos produtivos e instalações industriais;
g) resíduos de serviços de saúde: os gerados nos serviços de saúde, conforme definido em regulamento ou em normas estabelecidas pelos órgãos do Sisnama e do SNVS;
h) resíduos da construção civil: os gerados nas construções, reformas, reparos e demolições de obras de construção civil, incluídos os resultantes da preparação e escavação de terrenos para obras civis;
i) resíduos agrossilvopastoris: os gerados nas atividades agropecuárias e silviculturais, incluídos os relacionados a insumos utilizados nessas atividades;
j) resíduos de serviços de transportes: os originários de portos, aeroportos, terminais alfandegários, rodoviários e ferroviários e passagens de fronteira;
k) resíduos de mineração: os gerados na atividade de pesquisa, extração ou beneficiamento de minérios;

II – quanto à periculosidade:

a) resíduos perigosos: aqueles que, em razão de suas características de inflamabilidade, corrosividade, reatividade, toxicidade, patogenicidade, carcinogenicidade, teratogenicidade e mutagenicidade, apresentam significativo risco à saúde pública ou à qualidade ambiental, de acordo com lei, regulamento ou norma técnica;
b) resíduos não perigosos: aqueles não enquadrados na alínea "a".

Ademais, a norma brasileira 10004/2004[78] da ABNT organiza os resíduos em classes. Vejamos:

a) resíduos classe I – Perigosos;
b) resíduos classe II – Não perigosos; – resíduos classe II A – Não inertes – resíduos classe II B – Inertes.

Resíduos decorrentes de atividades ligadas à saúde

A Resolução CONAMA nº 358, de 29 de abril de 2005, que regula sobre o tratamento e a disposição final dos resíduos dos serviços de saúde, dispõe em seu artigo primeiro quem são os responsáveis legais pelo gerenciamento dos resíduos. Vejamos:

> Art. 1º Esta Resolução aplica-se a todos os serviços relacionados com o atendimento à saúde humana ou animal, inclusive os serviços de assistência domiciliar e de trabalhos de campo; laboratórios analíticos de produtos para saúde; necrotérios, funerárias e serviços onde se realizem atividades de embalsamamento (tanatopraxia e somatoconservação); serviços de medicina legal; drogarias e farmácias inclusive as de manipulação; estabelecimentos de ensino e pesquisa na área de saúde; centros de controle de zoonoses; distribuidores de produtos farmacêuticos; importadores, distribuidores e produtores de materiais e controles para diagnóstico *in vitro*; unidades móveis de atendimento à saúde; serviços de acupuntura; serviços de tatuagem, entre outros similares.

A Resolução é bem abrangente quanto à responsabilidade legal, pois determina que não só os serviços relacionados à saúde humana poderão ser responsabilizados, mas também os serviços relativos ao trato da saúde dos animais.

Além disso, determina que laboratórios, necrotérios, funerárias, drogarias, farmácias, estabelecimentos de ensino na área de

---

78. Mais informações sobre a ABNT NBR 10004 podem ser encontradas no endereço eletrônico: http://www.suape.pe.gov.br/images/publicacoes/normas/ABNT_NBR_n_10004_2004.pdf>.

saúde, centro de zoonoses e serviços de tatuagem e de acupuntura também sejam responsáveis pelos resíduos produzidos.

Outro ponto relevante é que não foram incluídas somente as atividades que efetivamente manipulam medicamentos e lidam diretamente com os pacientes ou animais, mas também os distribuidores de produtos farmacêuticos e importadores, distribuidores e produtores de materiais e controles para diagnóstico *in vitro*.

O artigo não é taxativo, pois acrescenta que outras atividades similares também devem ser englobadas pela Resolução. Assim, todas as atividades que direta ou indiretamente levarem à produção de qualquer tipo de resíduo decorrente de atividades relacionadas à saúde devem ser responsáveis.

Ademais, o artigo transcrito abaixo, da Resolução nº 358 do CONAMA, determina que tais geradores de resíduos de serviço de saúde e responsáveis legais têm o dever de gerenciar os resíduos sólidos desde a geração até a disposição final.

> Art. 3º Cabe aos geradores de resíduos de serviço de saúde e ao responsável legal, referidos no art. 1º desta Resolução, o gerenciamento dos resíduos desde a geração até a disposição final, de forma a atender aos requisitos ambientais e de saúde pública e saúde ocupacional, sem prejuízo de responsabilização solidária de todos aqueles, pessoas físicas e jurídicas que, direta ou indiretamente, causem ou possam causar degradação ambiental, em especial os transportadores e operadores das instalações de tratamento e disposição final, nos termos da Lei nº 6.938, de 31 de agosto de 1981.

Dessa forma, o objetivo da Resolução é garantir a proteção ao meio ambiente, à saúde pública e à saúde ocupacional, ou seja, dos profissionais que atuam na área da saúde.

Para tanto, além da responsabilidade dos agentes mencionados no artigo 1º, que são os geradores dos resíduos sólidos relacionados aos serviços de saúde, ainda há a previsão de responsabilização solidária de todos aqueles, pessoas físicas e jurídicas que, direta ou indiretamente, causem ou possam causar degradação ambiental, em especial os transportadores e operadores das instalações de tratamento e disposição final.

Logo, todos os envolvidos, direta ou indiretamente, no processo de gerenciamento dos resíduos, desde a produção até a disposição final, são passíveis de responsabilização por danos causados ao meio ambiente.

Resíduos decorrentes de atividades industriais

Os resíduos industriais têm origem em diversas áreas da indústria, tais como a alimentícia, a química, a automotiva, dentre outras. Tais atividades são geradoras de um grande número de resíduos, portanto deve haver o devido gerenciamento, da produção até a disposição final de tais resíduos, para que haja o mínimo de dano possível ao meio ambiente.

Cabe ressaltar que, na produção industrial, muitas vezes são utilizadas substâncias tóxicas, que são extremamente prejudiciais ao meio ambiente e à saúde pública. Dessa forma, o cuidado deve ser redobrado quanto ao gerenciamento de resíduos considerados perigosos.

A Resolução CONAMA nº 313, de 29 de outubro de 2002, em seu artigo 2º, inciso I, define o resíduo industrial como

> todo o resíduo que resulte de atividades industriais e que se encontre nos estados sólido, semissólido, gasoso – quando contido, e líquido – cujas particularidades tornem inviável o seu lançamento na rede pública de esgoto ou em corpos d'água, ou exijam para isso soluções técnica ou economicamente inviáveis em face da melhor tecnologia disponível. Ficam incluídos nesta definição os lodos provenientes de sistemas de tratamento de água e aqueles gerados em equipamentos e instalações de controle de poluição.

Assim, o conceito de resíduo industrial trazido pela Resolução é muito semelhante ao conceito de resíduo sólido dado pela Lei nº 12.305/10, em seu artigo 3º, inciso XVI, conforme já vimos. Granziera destaca em seu livro uma questão importante relacionada aos resíduos industriais, qual seja, a do passivo ambiental, que segundo ela é o "total de dívidas contraídas, em razão de a empresa encontrar-se em desconformidade com a legislação ambiental". A autora ainda afirma:

> Há indústrias que antes do advento da legislação ambiental lançaram substâncias tóxicas no solo, o que na época não era considerado ilícito. Todavia, a partir da implementação das normas ambientais, tal situação passou a caracterizar-se juridicamente como dano ambiental, o que implica responsabilidade administrativa, civil e penal.[79]

O passivo ambiental, portanto, corresponde às obrigações decorrentes dos danos ambientais causados. Isso gera uma responsabilidade de investimentos em forma de restauração ou de indenização ao meio ambiente e à sociedade pelos prejuízos gerados.

Assim, tais empresas e indústrias devem ser responsabilizadas de forma administrativa, civil e penalmente, pelos danos causados. Todavia, tal responsabilização deve ser feita dentro do limite da legalidade, em concordância com o artigo 5º, inciso II, da Constituição Federal brasileira, que dispõe que "ninguém será obrigado a fazer ou deixar de fazer alguma coisa senão em virtude de lei".

Resíduos sólidos

Os resíduos sólidos são um grande problema ambiental, pois a sua produção e acúmulo geram problemas irreversíveis ao meio ambiente, bem como a toda a população global. Granziera ensina:

> A partir da segunda metade do século passado, muitos países experimentaram a noção da facilidade: eletrodomésticos que auxiliavam os afazeres da casa, produtos descartáveis, que não precisavam mais ser lavados e guardados, como fraldas, garrafas, a utilização desmesurada dos sacos plásticos, por sua praticidade. Ao longo das décadas, passou a ser mais barato substituir um aparelho – televisão, computador, telefone celular – que consertá-lo.[80]

Dessa forma, vivemos em uma sociedade em que os produtos são descartáveis e o consumo é desenfreado, o que gera uma gran-

79. GRANZIERA, 2009, p. 325.
80. Idem, p. 311.

de produção de novos produtos e o descarte muitas vezes desnecessário dos antigos.

A mídia e a publicidade só corroboram para essa doutrina "consumerista",[81] pois criam uma falsa necessidade de consumo, em que o sujeito precisa estar sempre atualizado diante das novas tecnologias disponíveis do mercado. Com isso, há a utilização exacerbada dos recursos limitados existentes e a produção colossal de resíduos sólidos, que vêm ocupando cada dia mais espaço no planeta.

Em carta encíclica sobre o meio ambiente, o Papa Francisco escreveu:

> Devemos considerar a poluição produzida pelos resíduos, incluindo os perigosos presentes em variados ambientes. Produzem-se anualmente centenas de milhões de toneladas de resíduos, muitos deles não biodegradáveis: resíduos domésticos e comerciais, detritos de demolições, resíduos clínicos, eletrônicos e industriais, resíduos altamente tóxicos e radioativos. A Terra, nossa casa, parece transformar-se cada vez mais num imenso depósito de lixo. Em muitos lugares do planeta, os idosos recordam com saudade as paisagens de outrora, que agora veem submersas de lixo. Tanto os resíduos industriais como os produtos químicos utilizados nas cidades e nos campos podem produzir um efeito de bioacumulação nos organismos dos moradores nas áreas limítrofes, que se verifica mesmo quando é baixo o nível de presença dum elemento tóxico num lugar. Muitas vezes só se adotam medidas quando já se produziram efeitos irreversíveis na saúde das pessoas.[82]

Logo, a presença dos resíduos químicos causa a manifestação de doenças decorrentes dos produtos tóxicos produzidos que atingem pessoas em diversas áreas do mundo. Tais doenças muitas vezes só são descobertas depois de um longo tempo e podem ser irreversíveis, causando uma limitação na saúde dessas pessoas ou ainda a morte prematura.

---

81. Do inglês *consumer* (consumidor).

82. Para consultar a carta encíclica do Papa Francisco, visitar o endereço eletrônico: <http://w2.vatican.va/content/francesco/pt/encyclicals/documents/papa-ficlicarancesco_20150524_enc-laudato-si.html>.

De tal forma, devemos pensar em meios de redução dos resíduos e sua devida destinação, mediante a reutilização, tratamento e disposição final ecologicamente adequada, com o objetivo de causar o menor dano possível ao meio ambiente e aos seus habitantes.

Conceito

Diante do conceito de resíduos visto anteriormente, podemos concluir que é proveniente das atividades humanas. É o excedente que deve ser reutilizado, reciclado, tratado, destinado de forma definitiva e correta quando já não forem mais possíveis as alternativas anteriores. O termo *resíduo sólido*, como o conhecemos no Brasil, significa lixo, refugo e outras descargas de materiais sólidos, incluindo resíduos sólidos de materiais provenientes de operações industriais, comerciais e agrícolas e de atividades da comunidade.

Ademais, conforme já vimos, a Lei nº 12.305/10, em seu artigo 3º, inciso XVI, conceitua os resíduos sólidos como

> material, substância, objeto ou bem descartado resultante de atividades humanas em sociedade, a cuja destinação final se procede, se propõe proceder ou se está obrigado a proceder, nos estados sólido ou semissólido, bem como gases contidos em recipientes e líquidos cujas particularidades tornem inviável o seu lançamento na rede pública de esgotos ou em corpos d'água, ou exijam para isso soluções técnicas ou economicamente inviáveis em face da melhor tecnologia disponível.

A lei dá um conceito amplo aos resíduos sólidos, incluindo não só os resíduos sólidos e semissólidos, como também os líquidos e os gasosos. Assim, tal disposição determina que os resíduos em todos os estados devem ter a gestão e o gerenciamento corretos, evitando ao máximo os danos ao meio ambiente devidamente equilibrado.

Gestão e gerenciamento de resíduos sólidos

A gestão integrada de resíduos sólidos, conforme o artigo 3º, inciso XI da Lei nº 12.305/10, é o

> conjunto de ações voltadas para a busca de soluções para os resíduos sólidos, de forma a considerar as dimensões política, econômica, ambiental, cultural e social, com controle social e sob a premissa do desenvolvimento sustentável.

Logo, a gestão dos resíduos são ações que devem ser realizadas pelo Estado, juntamente com o setor empresarial e a sociedade como um todo, que visam buscar soluções para a correta destinação dos resíduos, em concordância com o princípio da cooperação entre as diferentes esferas do Poder Público.

Cabe destacar que a gestão de resíduos sólidos está também de acordo com os princípios do respeito às diversidades locais e regionais e da visão sistêmica, pois dispõe que devem ser consideradas as dimensões política, econômica, ambiental, cultural e social no processo de gestão. De certa forma, ainda se relaciona com o princípio do controle social, que está expressamente previsto no artigo supracitado, já que atribui ao povo o dever de defesa do meio ambiente, tendo como uma de suas ferramentas o direito à informação.

O princípio do desenvolvimento sustentável é tido expressamente como premissa, ou seja, a gestão deve garantir que o meio ambiente esteja em equilíbrio com o desenvolvimento econômico e social. Em relação ao gerenciamento de resíduos sólidos, o artigo 3º, inciso X da Lei 12.305/10, determina que é o

> conjunto de ações exercidas direta ou indiretamente nas etapas de coleta, transporte, transbordo, tratamento e destinação final ambientalmente adequada dos resíduos sólidos e disposição final ambientalmente adequada dos rejeitos, de acordo com plano municipal de gestão integrada de resíduos sólidos ou com plano de gerenciamento de resíduos sólidos.

Assim, a gestão é feita através do gerenciamento dos resíduos sólidos, que mediante as ações do Poder Público, do setor empresarial e da sociedade garante a destinação correta (coleta, transporte, transbordo e tratamento) e a disposição final adequada dos resíduos e dos rejeitos.

Segundo a Política Nacional de Resíduos Sólidos, o plano municipal de gestão integrada de resíduos sólidos ou o plano de gerenciamento de resíduos sólidos determinarão como será realizado o processo de destinação e disposição final dos resíduos e, em relação à última, dos rejeitos. No caso do gerenciamento, estão presentes os princípios:

> I – da cooperação entre as diferentes esferas do poder público, o setor empresarial e demais segmentos da sociedade;
> II – da responsabilidade compartilhada pelo ciclo de vida dos produtos; e
> III – do reconhecimento do resíduo sólido reutilizável e reciclável como um bem econômico e de valor social, gerador de trabalho e renda e promotor de cidadania.

Posto isso, por meio da gestão e do gerenciamento dos resíduos sólidos é possível se alcançar o desenvolvimento sustentável, trazendo como benefícios para a nação a criação de trabalhos e de renda, diante do reconhecimento dos resíduos sólidos reutilizáveis e recicláveis como bens econômicos e de valor social, assim como a proteção e a preservação do meio ambiente.

Destinação dos resíduos sólidos

Segundo a Resolução 401 do CONAMA, de 4 de novembro de 2008, artigo 2º, inciso IX, a destinação ambientalmente adequada é aquela

> que minimiza os riscos ao meio ambiente e adota procedimentos técnicos de coleta, recebimento, reutilização, reciclagem, tratamento ou disposição final de acordo com a legislação ambiental vigente.

Assim, a destinação dos resíduos sólidos deve ser feita de modo a reduzir os riscos ao meio ambiente, o que garante o desenvolvimento sustentável.

É evidente que as atividades empresariais e a consequente produção são necessárias ao desenvolvimento econômico e social da nação. Todavia, é indispensável que os danos causados ao meio ambiente sejam reduzidos ao máximo, mediante a gestão e o gerenciamento, bem como a destinação ambiental adequada dos resíduos.

Dessa forma, devem ser utilizadas as técnicas mais modernas para que tal objetivo seja alcançado, como a coleta seletiva, a reutilização, a reciclagem, o tratamento e a disposição final dos resíduos, bem como novas soluções que poderão ser apresentadas por meio da gestão ambiental.

Reutilização dos resíduos sólidos

De acordo com o artigo 3º, inciso XVIII da Lei nº 12.305/10, a reutilização é o

> processo de aproveitamento dos resíduos sólidos sem sua transformação biológica, física ou físico-química, observadas as condições e os padrões estabelecidos pelos órgãos competentes do SISNAMA e, quando couber, do SNVS e do SUASA.[83]

A reutilização dos resíduos sólidos é o reaproveitamento do resíduo sem nenhuma modificação de seu estado original. Desta forma, há a prolongação de sua vida útil, o que garante uma redução na produção de novos resíduos.

Os resíduos sólidos reutilizáveis, conforme já visto, têm um valor econômico e social, o que proporciona a criação de novos empregos e renda, trazendo benefícios tanto para o meio ambiente – já que não há nova produção de resíduos – como para a sociedade, diante do aumento de empregos.

Todavia, é necessária a consciência de que nem todos os resíduos podem ser reutilizados, pois devem ter características próprias para tal. Diante do exposto, cabe aos órgãos responsáveis do SISNAMA, do SNVS e do SUASA definir quais são as condições e padrões essenciais para que seja possível a reutilização.

---

83. SISNAMA – Sistema Nacional do Meio Ambiente; SNVS – Sistema Nacional de Vigilância Sanitária; e SUASA – Sistema Unificado de Atenção à Sanidade Agropecuária.

Reciclagem dos resíduos sólidos

A reciclagem é muito similar à reutilização, sendo que a diferença reside na modificação do estado inicial do resíduo, o que não ocorre na reutilização. Portanto, consiste na alteração das propriedades físicas, físico-químicas ou biológicas, com o intuito de transformar os resíduos em novos produtos ou insumos.

A reciclagem, assim como a reutilização, também gera empregos e renda, diante do fato de o resíduo reciclado ser um bem econômico e de valor social. Outra semelhança está na necessidade de estabelecimento de padrões e condições, pelos órgãos competentes do SISNAMA, do SNVS e do SUASA, para determinar quais resíduos podem ser reciclados.

Logo, tanto a reciclagem quanto a reutilização são muito benéficas para o meio ambiente e para a sociedade no geral, pois diminuem a produção de resíduos e geram empregos e renda.

Tratamento dos resíduos sólidos

O tratamento dos resíduos sólidos é uma fase essencial, pois permite que haja a reutilização[84] dos resíduos e, quando essa hipótese não for mais viável, possibilita a disposição final ambientalmente adequada.

A compostagem é uma forma de tratamento para reutilização de resíduos, já que tem como produto final o composto, que pode ser utilizado como adubo, desde que devidamente tratado. De acordo com Sirvinskas:

> Compostagem é o processo pelo qual os resíduos sólidos domésticos são transformados em composto para a utilização como adubo no setor agrícola. Esse processo ocorre no interior das usinas de compostagem com a transformação da matéria orgânica em composto.

---

84. Outra forma de tratamento para reutilização é a reciclagem, já abordada anteriormente, pois permite que o novo produto ou insumo resultante desse processo seja reintroduzido no mercado.

> A usina necessita de grande espaço para a instalação do equipamento e para a cura (secagem) e estocagem do composto.[85]

Assim, a compostagem é o processo de decomposição da matéria orgânica originária de restos de animais ou vegetais, que tem como resultado final o composto. Tal produto final com o tratamento correto pode ser utilizado como adubo. Todavia, o processo de compostagem deve ser extremamente rígido para a utilização do composto originário, pois a matéria orgânica pode estar contaminada, o que causaria a contaminação do solo adubado.

Outro processo de tratamento muito utilizado é a incineração, que tem como intuito a redução considerável da quantidade e do espaço físico dos resíduos, por meio do processo de combustão. Por outro lado, é uma forma de tratamento que possibilita a devida disposição final, pois reduz o espaço ocupado pelo resíduo, bem como reduz a possibilidade de contaminação por micro-organismos. Afirma o doutrinador supracitado:

> A incineração é um dos processos mais eficazes, mas economicamente custosos. Esse processo transforma a queima dos resíduos sólidos em material inerte, reduzindo, sobremaneira, o espaço ocupado. A usina de incineração deve ser utilizada mais para a queima de lixo hospitalar.[86]

Tal processo de tratamento é muito utilizado em relação ao lixo hospitalar, que deve ter um tratamento diferenciado diante do risco de contaminação de terceiros e do meio ambiente com a disposição incorreta desse tipo de resíduo. De acordo com o Ministério do Meio Ambiente, os agentes geradores de resíduos da área de saúde deverão se adequar às regras dispostas na Resolução nº 33, de 25 de fevereiro de 2003,[87] que dispõe sobre o Regulamento Técnico e a destinação final dos resíduos de serviços de saúde. De acordo com a resolução, desde postos de saúde, farmácias, necroté-

---

85. SIRVINSKAS, 2015, p. 497.

86. Idem, p. 499.

87. A resolução completa pode ser lida no endereço eletrônico: <http://www.cff.org.br/userfiles/file/resolucao_sanitaria/33.pdf>.

rios até clínicas veterinárias serão responsáveis por todo o lixo que gerarem. Esses locais têm que seguir normas que garantam a proteção dos profissionais que trabalham diretamente com o gerenciamento dos resíduos, constituindo um conjunto de procedimentos de gestão, planejados e implementados a partir de bases científicas e técnicas, normativas e legais.

A Resolução (citada acima) garante a responsabilização dos estabelecimentos relacionados à saúde para que haja o devido processo de destinação dos resíduos gerados, por meio do tratamento correto e, por fim, a disposição adequada. Com isso, há a proteção de terceiros relacionados ao processo de gerenciamento dos resíduos decorrentes de atividades ligadas à saúde, bem como do meio ambiente.

Disposição final dos resíduos sólidos

O artigo 3º, inciso XIV da Lei nº 12.305/10, conceitua disposição final ambientalmente adequada como a

> distribuição ordenada de rejeitos em aterros, observando normas operacionais específicas de modo a evitar danos ou riscos à saúde pública e à segurança e a minimizar os impactos ambientais adversos.

Primeiramente, é preciso definir os rejeitos, que consoante a Lei nº 12.305/10, artigo 3º, inciso XV, são

> resíduos sólidos que, depois de esgotadas todas as possibilidades de tratamento e recuperação por processos tecnológicos disponíveis e economicamente viáveis, não apresentem outra possibilidade que não a disposição final ambientalmente adequada.

Os rejeitos, portanto, são os resíduos sólidos que já esgotaram todas as formas de tratamento e reutilização, restando apenas a disposição final.

Assim, a disposição ambientalmente adequada é aquela que visa à destinação final do rejeito, que é o resíduo que já não tem mais utilidade no processo industrial, devendo ser descartado da forma menos agressiva possível ao meio ambiente. A disposição final de resíduos sólidos em um corpo receptor, geralmente o solo, a longo prazo ou em caráter permanente, contribuirá para sua inevitável contaminação.

Um método de disposição final dos rejeitos que é muito utilizado é o aterro sanitário, em que os resíduos são aterrados em um local impermeabilizado, por meio de uma manta isolante, que impede a contaminação do solo. Beltrão conceitua

> aterro sanitário como uma forma adequada de destinação final dos resíduos sólidos, em que os resíduos são depositados em um menor volume possível e cobertos, ao menos diariamente, por uma camada de terra. Outrossim, deve ser providenciada uma manta protetora ou similar para impedir a contaminação do solo pelo chorume.[88]

Sirvinskas vai dizer que o reaproveitamento da matéria e da energia será possível desde que se realize a prévia triagem e se instale o sistema de captação dos gases por ele emitidos. Continua dizendo que

> "o gás metano expelido pelo chorume é transformado em eletricidade. Tanto é verdade que a transformação do metano em gás carbônico gera crédito, comercializável na bolsa de valores".[89]

Logo, os rejeitos podem ter valor comercial, gerando energia elétrica, por meio do gás metano produzido naturalmente, bem como da transformação do metano em gás carbônico, que pode ser comercializado.

Todavia, a Resolução nº 1 do CONAMA de 23 de janeiro de 1986 prevê a necessidade de elaboração de estudo de impacto ambiental para que seja possível o licenciamento do aterro sanitário. Vejamos:

> Artigo 2º Dependerá de elaboração de estudo de impacto ambiental e respectivo relatório de impacto ambiental – RIMA, a serem

88. BELTRÃO, 2014, p. 77.
89. SIRVINSKAS, 2014, p. 643.

> submetidos à aprovação do órgão estadual competente, e do IBAMA em caráter supletivo, o licenciamento de atividades modificadoras do meio ambiente, tais como:
> [...]
> X – Aterros sanitários, processamento e destino final de resíduos tóxicos ou perigosos.

O estudo de impacto ambiental é necessário por ser o aterro uma forma de modificação do meio ambiente; assim, devem ser previstos os possíveis danos em concordância com os princípios da precaução e da prevenção. Com isso, poderão ser tomadas as medidas necessárias para evitar ou minimizar os efeitos danosos ao ambiente.

Feito o relatório de impacto ambiental, deverá ser submetido ao órgão estadual competente e do IBAMA,[90] em caráter supletivo. Isso porque o Estado tem o dever constitucional de proteger e defender o meio ambiente, devendo controlar as atividades que envolvam danos certos ou possíveis a esse bem comum.

90. Instituto Brasileiro do Meio Ambiente e dos Recursos Naturais Renováveis.

Parte II

LOGÍSTICA REVERSA

Ciclo de vida do produto

O ciclo de vida do produto, inclui uma série de etapas que envolvem o desenvolvimento do produto, a obtenção de matérias-primas e insumos, o processo produtivo, o consumo e a disposição final.

Figura 2 Ciclo de vida de um produto

Fonte: autor

Conceituação de logística

Logística é o processo de planejar, implementar e controlar de maneira eficiente o fluxo e a armazenagem de produtos, bem como os serviços e informações associadas, cobrindo desde o ponto de origem até o ponto de consumo, com o objetivo de atender aos requisitos do consumidor.

De certo modo, essa definição é simples de ser compreendida, uma vez que de forma ampla atende o conceito preestabelecido de movimentação e armazenagem de produtos.

Supply Chain Management

O *Supply Chain Management*[91] (SCM) é uma ferramenta que possibilita à empresa gerenciar a cadeia de suprimentos com maior eficácia e eficiência. Nesses tempos modernos em que a exigência de consumo atingiu o limite extremo, o *Supply Chain Management* permite às empresas alcançar melhores padrões de competitividade.

Figura 3 Desenvolvimento do processo logístico

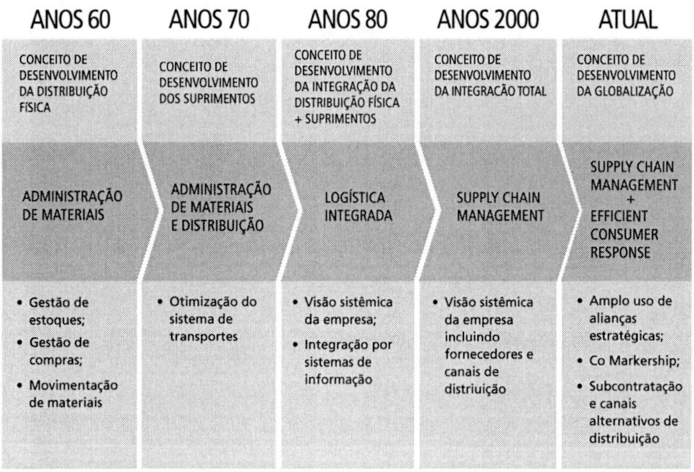

Fonte: autor

91. Gestão da cadeia de abastecimento (tradução livre).

Utiliza instrumentos e métodos que visam melhorar e automatizar o abastecimento, reduzindo os estoques e os prazos de entrega. Fala-se assim de trabalho "em fluxo tenso" para caracterizar a redução ao máximo dos estoques em toda a cadeia de produção.

Os instrumentos SCM apoiam-se nas informações de capacidade de produção presentes no sistema de informação da empresa para passar automaticamente ordens de encomendas. Assim, os instrumentos SCM estão fortemente relacionados com o *Software* de Gestão Integrada ERP (*Enterprise Resource Planning*)[92] da empresa.

O conceito de *Supply Chain Management* surgiu como uma evolução natural do conceito de Logística. Enquanto a Logística representa uma integração interna de atividades, o SCM representa sua integração externa, pois estende a coordenação dos fluxos de materiais e informações aos fornecedores e ao cliente final.

Logística reversa

A logística reversa é um instrumento de desenvolvimento econômico e social caracterizado por um conjunto de ações, procedimentos e meios destinados a viabilizar a coleta e a restituição dos resíduos sólidos ao setor empresarial, para reaproveitamento, em seu ciclo ou em outros ciclos produtivos, ou outra destinação final ambientalmente adequada. É um amplo termo relacionado às habilidades e atividades envolvidas no gerenciamento de redução, movimentação e disposição de resíduos de produtos e embalagens.

O processo de logística reversa é baseado em planejamento, implementação e controle da eficiência e custo efetivo do fluxo de matérias-primas, estoques em processo, produtos acabados e as informações correspondentes do ponto de consumo para o ponto de origem com o propósito de recapturar o valor ou destinar à apropriada disposição.

Esse processo possibilita o retorno dos bens de pós-vendas e de pós-consumo ao ciclo de negócios ou ao ciclo produtivo, por meio dos canais de distribuição reversos, agregando-lhes valor de

92. Planejamento de recursos empresariais (tradução livre).

diversas naturezas: econômico, ecológico, legal, logístico, de imagem corporativa, entre outros.

A logística reversa é responsável por tornar possível o retorno de materiais e produtos, após sua venda e consumo, aos centros produtivos e de negócios, por meio dos canais reversos de distribuição, agregando valor aos mesmos.

Figura 4 Processo reverso

Fonte: autor

A rapidez com que um produto é lançado no mercado, o rápido avanço da tecnologia, juntamente com um grande fluxo de informações, a alta competitividade das empresas e o crescimento da consciência ecológica quanto às consequências provocadas pelos produtos e seus descartes no meio ambiente estão contribuindo para a adoção de novos comportamentos por parte das organizações e da sociedade de um modo geral, sinalizando assim para uma valorização maior dos processos de retorno de produtos e materiais descartados no meio ambiente.

Logística reversa automotiva

Desde o início da criação das linhas de produção veicular[93] e durante décadas, a gestão da cadeia de produção estava focada em "produzir cada vez mais" (estima-se que 1/3 de todos os impactos ambientais causados pela indústria automotiva ocorre antes de os veículos serem comercializados e utilizados).

No entanto, com o grande número de veículos em circulação, o aumento da capacidade técnica de produção, o planejamento inadequado das vias de rodagem – além do aumento do número de acidentes com automóveis – e as questões ambientais nessa área de pesquisa começaram a se destacar significativamente. Os gestores públicos e privados enfrentam cada vez mais pressão interna e externa para consumar medidas protetivas ao ambiente e as suas atividades, sejam de produção ou de gerenciamento.[94]

Em particular, a indústria automotiva está enfrentando uma crescente pressão para aplicar "atividades verdes" dentro da gestão da cadeia produtiva. Não restam dúvidas de que o avanço tecnológico e a utilização de materiais diversificados trouxeram enormes avanços a esse setor.

Entretanto, com as recentes preocupações ambientais, podemos afirmar que o sucesso da indústria automotiva em longo prazo dependerá da capacidade do setor para mixar o seu produto final e a cadeia produtiva. Com a garantia de um futuro ecologicamente sustentável não é crível desconstruir a tríade referencial de proteção ao meio ambiente, a aplicação de recursos sociais e o fator econômico na busca de um desenvolvimento sustentável.

---

93. Também conhecida como "fordismo", criada no começo do século XX por Henry Ford (1863-1947), pode ser entendida como produção em massa de carros automobilísticos.

94. Importante destacar a IATF 16949:2016, norma de Sistemas de Gestão da Qualidade utilizada pela indústria automotiva. Atende aos requisitos globais (com padrão internacional) e sua implementação deve ser feita em conjunto com a ISO 9001:2015.

Figura 5 Logística reversa automotiva (1)

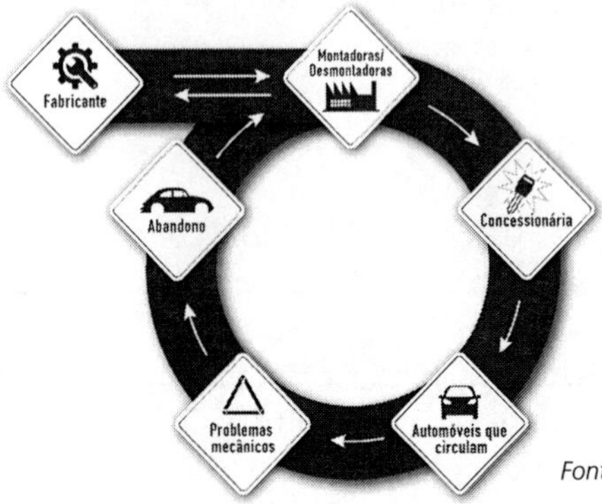

Fonte: autor

Essa habilidade inclui ainda o equilíbrio ambiental (art. 225, CF/88), bem como a responsabilidade social, pois os recursos naturais utilizados na construção de veículos são finitos. Assim, a reutilização de materiais é medida salutar, econômica e protetiva, conforme se vê na tabela de composição média de materiais utilizados na fabricação dos veículos e que podem ser reutilizados.

Figura 6 Matéria prima média utilizadas em veículos

Matéria prima média utilizadas em veículos	
Aço	71
Plástico	14
Alumínio	6
Borracha	4
Vidros	3
Zinco, cobre e chumbo	2
Total	100

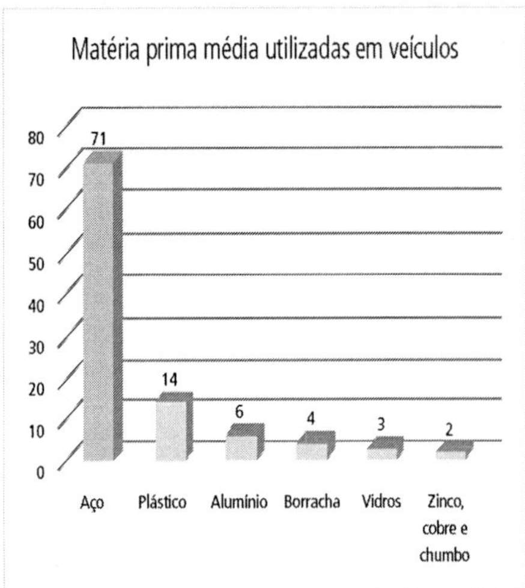

Fonte: ANFAVEA /2014

Seguindo essas tendências, podemos então concluir que a Logística Reversa Automotiva é um conceito que está em rápida construção e, apesar dos esforços, tem um longo caminho a percorrer antes de mudar a face da sociedade para a extensão desejada; portanto, trata-se da implementação da gestão de recuperação, reciclagem, reutilização, remanufatura dos veículos autopropulsados, bem como do gerenciamento de toda cadeia de produção venosa.

Figura 7 Logística reversa automotiva (2)

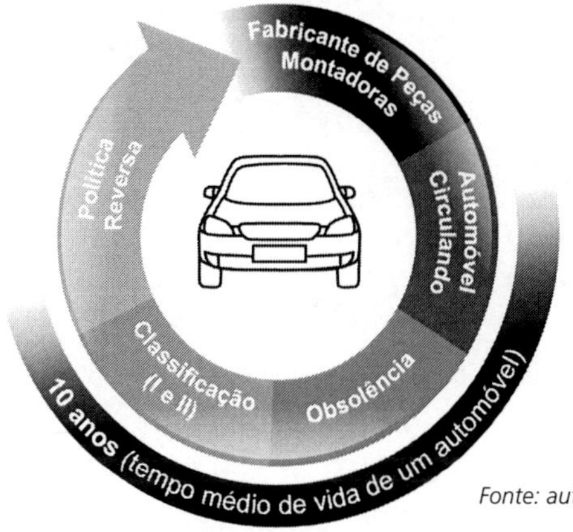

Fonte: autor

Figura 8 Classificação dos componentes

Os componentes de um automóvel são classificados em 2 tipos:

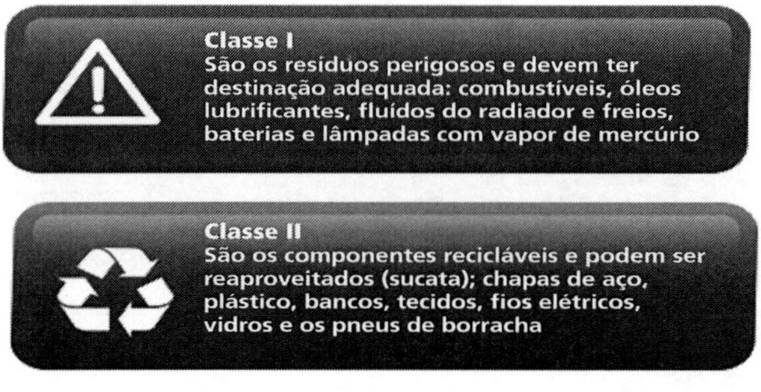

Fonte: autor

Figura 9 Componentes (classe I)

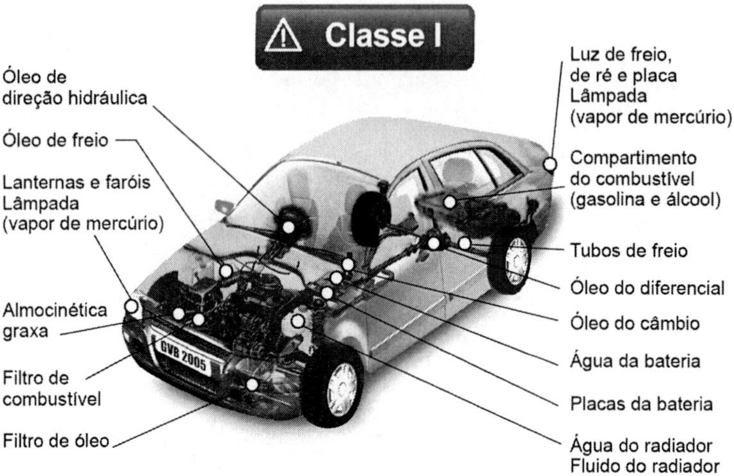

Fonte: autor

Figura 10 Componentes (classe II)

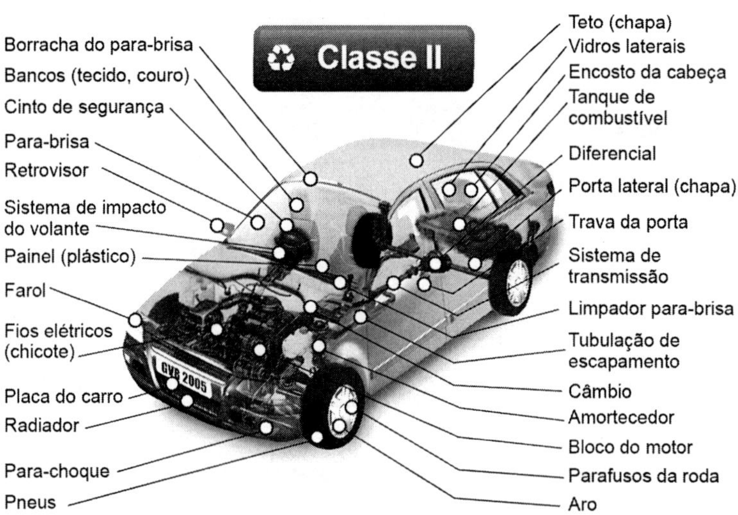

Fonte: autor

Aspectos operacionais

Podemos dizer que a decisão de destinar um veículo para a reciclagem é hoje puramente econômica, levando-se em conta os custos de manutenção e a depreciação devido ao uso durante os anos. Custos de operação e taxas para o registro desse automóvel superam o benefício desejado, que é o de transportar pessoas e/ou pequenas cargas de forma segura sem poluir o meio ambiente. Portanto, os requisitos legais, ambientais e de segurança impactam nessa decisão.

Atualmente, existem três alternativas consideradas como as mais economicamente viáveis para veículos em final de vida.

Reúso

Trata-se de retirar os componentes de um veículo em final de vida e utilizá-lo em outro veículo como peça de reposição. Exemplo: Pneu, componentes da Carroceria, etc.

Reciclagem

Consiste em reprocessar os materiais envolvidos e reaproveitar os mesmos como matéria-prima na confecção de produtos originais ou outro produto que se utilize desse material similar.

Reciclagem energética

Normalmente é relacionada à combustão de resíduos com o propósito de gerar energia térmica ou elétrica. Permite à indústria obter algum grau de autossuficiência energética. Reduz os volumes a serem destinados aos aterros, restringindo-se às cinzas, provenientes da combustão. A desvantagem desse processo é a emissão de gases poluentes que pode ser reduzida em sua periculosidade com tratamento adequado de gases.

À medida que a população urbana aumenta, ocorre também o gradativo aumento de bens de consumo, seja por aumento de poder aquisitivo ou por queda de preços. Assim, cresce a preocupação com a destinação correta de resíduos sólidos gerados no processo.

A reciclagem energética de um produto só é justificada quando, ao ser descartado, existe uma cadeia de reciclagem disposta a receber os resíduos e reaproveitá-los, ou seja, quando a reciclagem é industrial e economicamente viável.

Com efeito, a qualidade do ar que respiramos ultrapassa os indicadores delineados como aceitáveis. Esses indicadores, por sinal, encontram-se defasados em relação a outros países.

Figura 11 Ciclo da logística reversa

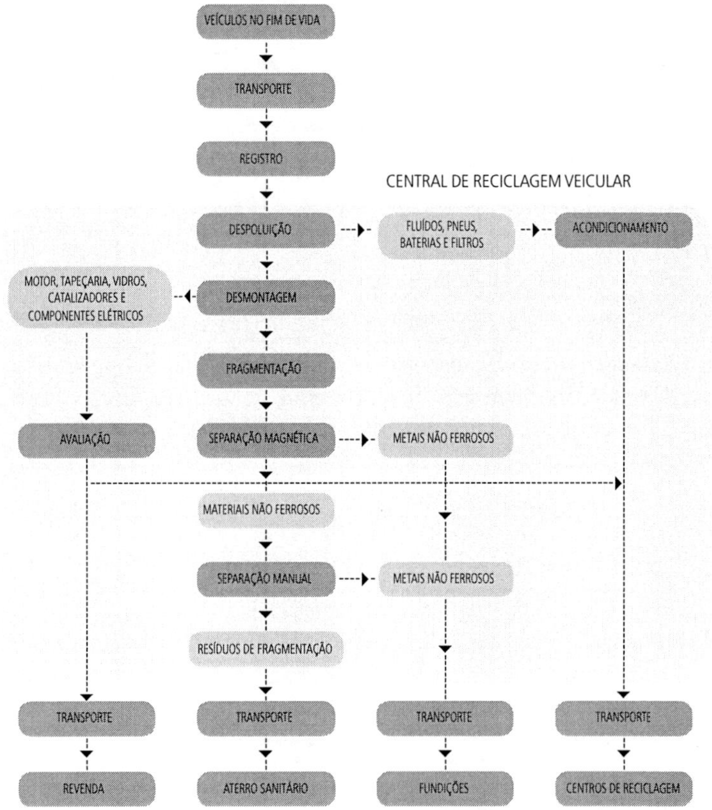

Fonte: Central de Reciclagem Veicular

A indústria atualmente estabelecida possui uma sofisticada cadeia de fornecimento de matéria-prima e produtos acabados, mas não possui canais eficientes para destinação desses materiais após seu uso e posterior descarte. Geralmente, é mais simples utilizar matérias-primas virgens comparativamente aos materiais reciclados devido ao pouco desenvolvimento dos canais de retorno.

No Brasil, a indústria de beneficiamento tem sua origem a partir dos anos 1970 (nos referimos à indústria de beneficiamento que se utiliza de sucata obtida após o seu uso e final de vida do veículo). Estima-se que esse setor seja composto hoje entre 3.000 e 5.000 empresas formais ou informais, entre micro, médias e grandes empresas, com capacidade atual de processar mensalmente até 460 mil toneladas de sucata.

Cerca de 10 milhões de toneladas de sucata de ferro e aço são consumidos por ano, gerando cerca de 270.000 empregos em toda a cadeia produtiva. A sucata de beneficiamento compõe cerca de 1/3 desse montante; na média mundial, esse valor corresponde a 45% do total consumido de sucata.[95]

Técnicas de separação

Muita pesquisa vem sendo realizada, buscando novos canais para separação de sucata de beneficiamento, com o intuito de reduzir os custos envolvidos. Essa atividade tem como objetivo principal a eliminação da separação manual com efetividade superior às atuais utilizadas.

As técnicas atuais baseiam-se em condições químicas, físicas e mecânicas, sendo as mais usuais:

- *Magnetismo* – Normalmente utilizada para separação de materiais ferrosos que são submetidos a fragmentação e a um campo magnético que realiza a separação desses materiais.
- *Corrente de vento* – Neste processo, o material é fragmentado e os resíduos sólidos são separados por gravidade em

95. Fonte: ANFAVEA (2014).

uma corrente de vento, de acordo com as diferenças de densidade, forma e/ou dimensões. Consiste em separação de partículas leves que são lançadas pela ação do vento, enquanto as partículas mais pesadas são precipitadas.

- *Ciclone de ar* – Este processo normalmente é utilizado para separação de pós de outros materiais por meio de uma força centrífuga.
- *Hidrociclone* – É um equipamento muito utilizado para separar sólidos de líquidos através de força centrífuga. Os hidrociclones são equipamentos onde se produz a rotação da suspensão através da alimentação tangencial sob pressão, fazendo com que as partículas mais grossas sejam separadas. Todo hidrociclone opera em conjunto com uma bomba centrífuga que é responsável por manter essa "pressão de trabalho" do mesmo.
- *Decantação* – Neste processo, o material é fragmentado e os resíduos sólidos são separados por gravidade após a imersão em fluidos de densidade intermediária.
- *Corrente induzida* – Neste processo, o material é fragmentado e materiais condutores são atraídos magneticamente por meio de correntes elétricas induzidas que percorrem os materiais.
- *Precipitador eletrostático* – Neste processo, o material é fragmentado e pequenas partículas são eletricamente carregadas e atraídas por um campo elétrico.

Custos operacionais associados a veículo em final de vida

Quando pensamos em uma destinação correta para veículos em final de vida, a viabilidade econômica do processo de reciclagem está diretamente relacionada aos custos associados desse processo, que contribuem para o custo total.

- *Custo do veículo em final de vida* – Este depende da condição final do veículo e da condição final de seus componentes. Em alguns casos, tal custo pode ser nulo, ou seja, as recicla-

Figura 12 Custos de veículos em fim de vida

Fonte: autor

doras podem receber para destinar corretamente um veículo que se transformou em um transtorno.

- *Custo de transporte* – Este depende da distância a ser percorrida e do meio que será utilizado – caminhão-cegonha, plataforma ou guincho para o veículo em final de vida, ou caçambas e/ou caminhão-tanque para os materiais ou sucata.
- *Custo de armazenagem* – O local onde o caminhão aguardará antes de ser processado tem também seu custo e deve ser considerado. Esse custo é influenciado muitas vezes pela localização, quantidade de entregas e capacidade de processamento do local de destinação e/ou por leis da localização do ponto de reciclagem.

- *Custo de equipamentos e operação* – Este custo normalmente é influenciado quando ocorre a necessidade de equipamentos especiais, pela taxa de depreciação desses equipamentos e ou por tarifas envolvidas de energia (energia elétrica, combustível, etc.).
- *Custo de mão de obra para desmontagem* – Este custo normalmente é influenciado pelo projeto do veículo, pelo nível de automação aplicável na desmontagem, pelo nível de especialização da mão de obra, pelos benefícios sociais concedidos e pelos encargos sociais pagos.
- *Custos gerais do processamento* – Custos de limpeza, inspeção, embalagem, armazenamento, gerenciamento e distribuição de componentes a serem revendidos.
- *Custos de tratamento e disposição final* – Custos de tratamento e disposição final dos resíduos sobressalentes que são dependentes de classificação de resíduos.

Para que ocorra a viabilidade econômica do negócio, esses custos deveriam ser compensados pela venda de materiais recicláveis, venda dos componentes a serem reutilizados e pela venda da energia gerada pela incineração; entretanto, tais valores não se igualam, na totalidade dos processos pesquisados.

Esse é justamente o maior desafio. Como os valores normalmente não cobrem os custos de reciclagem, todo esse conceito de reciclagem se torna inviável, o que se discute hoje é quem deve pagar pela destinação do veículo em final de vida: o último proprietário? Os fabricantes? O governo através de incentivos ou redução de impostos? Ou a criação de fundos públicos para essa finalidade?

A responsabilidade pelos custos

A linha de raciocínio que viabiliza todo esse processo seria a participação do Governo mediante cobrança do imposto denominado Ecotaxa, que é um imposto destinado ao financiamento de empresas ambientais, também chamadas de Sociedades Gestoras de Recolha de Resíduos.

Essa taxa deve ser aplicada a todos os materiais envolvidos na cadeia automotiva. O imposto reflete-se diretamente no preço pago pelo consumidor, sendo o valor entregue às empresas que tratam e transportam os resíduos.

Infelizmente, no Brasil tal procedimento ainda não foi integralmente implementado, embora exista. Alguns Estados possuem políticas fiscais voltadas para o meio ambiente, como o ICMS Verde, que ajuda na manutenção de áreas protegidas, entretanto ainda é muito pouco.

Atualmente, taxas ambientais já são cobradas em alguns casos (ex.: a indústria de pneus, baterias, etc.), mas por certo com o desenvolvimento da cobrança de Ecotaxa que deverá ser feita em produtos devidamente sinalizados – já que a cobrança desses impostos deverá corresponder às especificações técnicas de todos os produtos.

Entretanto, a magnitude e agilidade para a cobrança desse tipo de imposto com certeza iria acarretar um ônus à cadeia automotiva, uma vez que se deveria desenvolver toda uma sistemática para a cobrança desse novo tributo.

No quadro automotivo atual brasileiro, qualquer tributo a ser adicionado a veículos seria considerado inviável, pois o mercado automotivo atual passa por uma grande crise.

Materiais envolvidos no processo

Metais

Um veículo é composto normalmente de metais ferrosos (ferro e aço) e metais não ferrosos (alumínio, cobre, magnésio, chumbo e níquel). A metalurgia e a reciclagem se confundem ao longo da História, pois as sucatas são geralmente as matérias-primas mais convenientes na fundição, não havendo também perdas de qualidade no processo.

Os metais são muito utilizados em equipamentos, estruturas, embalagens, etc. devido à sua elevada durabilidade, resistência e facilidade de conformação.

Separam-se magneticamente as sucatas em ferrosas e não-ferrosas, e ainda em:

- *sucatas pesadas* – geralmente encontradas nos "ferros-velhos" (vigas, equipamentos, chapas, grelhas etc.);
- *sucatas de processo* – cavacos, limalhas e rebarbas, além de peças defeituosas que voltam ao processo industrial;
- *sucatas de obsolescência* – materiais destinados ao lixo após o uso.

O cobre é muito utilizado para ligas: latão e bronze e revestimento de artefatos metálicos. O estanho é utilizado para revestir internamente latas de aço (folhas de flandres) no setor de embalagens, principalmente para alimentos, a fim de evitar a corrosão pelo alimento. O crômio é utilizado para revestir latas e vários artefatos metálicos. O zinco e o níquel são utilizados também para revestir artefatos metálicos. Aço é uma liga de ferro com carvão e baixíssimas quantidades de outros metais (molibdênio, crômio, níquel, tungstênio, nióbio, etc.). Dependendo desses outros metais, temos os diferentes tipos de aços.

Os metais são 100% recicláveis. Por exemplo, para fabricação de uma tonelada de alumínio são necessárias cinco toneladas de bauxita. A reciclagem de uma tonelada de sucata de alumínio economiza cinco toneladas de bauxita, um recurso natural não-renovável.

As latas, tanto as de folhas de flandres quanto as de alumínio, são as principais sucatas metálicas desprezadas hoje em dia e que podem ser recuperadas em grandes quantidades pela coleta seletiva.

Cada tonelada de aço reciclado representa uma economia de 1.140 kg de minério de ferro, 154 kg de carvão e 18 kg de cal. Já na reciclagem do alumínio, a economia de energia é de 95% em relação ao processo primário, economizando-se a extração de cinco toneladas de bauxita (matéria-prima para se fabricar o alumínio) por tonelada reciclada, sem contar toda a lama vermelha (resíduo da mineração) que é evitada.

Geralmente, os metais ferrosos são direcionados para as usinas de fundição, onde a sucata é colocada em fornos elétricos ou a oxigênio, aquecidos a 1.550 graus centígrados. Após atingir o ponto de fusão e chegar ao estado líquido, o material é moldado em tarugos e placas metálicas, que serão cortados na forma de chapas de aço. A sucata demora somente um dia para ser reprocessada e transformada novamente em lâminas de aço usadas por vários setores industriais – das montadoras de automóveis às fábricas de latinhas em conserva.

O alumínio também é encaminhado para a fundição, obedecendo a parâmetros específicos de processamento. O alumínio reciclado está presente na indústria de autopeças, na fabricação de novas embalagens, entre outros.

Em veículos podemos encontrar todos esses materiais hoje em dia, em virtude do desenvolvimento tecnológico. Pode-se concluir que os benefícios da reciclagem de metais são:

- economia de minérios;
- economia de energia;
- economia de água;
- aumento da vida útil dos lixões;
- diminuição das áreas degradadas pela extração do minério;
- diminuição da poluição;
- geração de empregos e recursos econômicos para os intermediários.

Plásticos

Os plásticos foram introduzidos em veículos nos anos 1970, objetivando redução de custos e redução do peso do veículo para proporcionar ganhos em combustíveis. E com o desenvolvimento de tecnologia, gradativamente foram substituindo peças metálicas e se tornaram hoje partes importantíssimas de veículos.

A garrafa PET destinada ao lixo pode voltar para a garagem da sua casa. Nesse caso, o produto descartado poderá surgir na forma de um carpete ou de uma manta de isolamento acústico do seu carro. Apesar de a tendência mundial de reaproveitamento de materiais ou uso de matéria-prima de origem vegetal estar entre as pautas de sustentabilidade das montadoras atualmente, o processo não é novo.

Hoje, a indústria também considera a natureza dos próprios materiais como condição para minimizar o impacto ambiental dos automóveis. Em um automóvel, é possível encontrar até 40 tipos de plásticos diferentes, muitos que não podem ser reciclados, além de dificultar sua separação. O crescimento da frota de carros no país é vertiginoso e deve seguir assim nos próximos anos. Impelida a assegurar que os automóveis se tornem um meio de transporte sustentável neste século XXI, a cadeia automotiva foi buscar soluções.

Os dados mais recentes sobre os índices nacionais de reciclagem mecânica dos plásticos são os da pesquisa realizada pela Plastivida[96] em 2014. Segundo o monitoramento, a indústria automobilística consumiu 82 mil toneladas do material, algo em torno de 9% do total de plásticos reciclados no Brasil, o que é considerado muito pouco dentro do universo que pode ser explorado nessa atividade. O processo de reciclagem do plástico consiste em:

1 – Separação.
2 – Seleção: é feita uma triagem do material, em que os plásticos são separados por tipos.
3 – Os plásticos que possam ser reciclados passam por um moinho, onde são moídos.

Figura 13 Foto de material reciclado e extrudado

96. Instituto Socioambiental dos Plásticos. Mais informações no endereço eletrônico: <http://www.plastivida.org.br/index.php?lang=pt>.

4 – Ocorre a lavagem e secagem do material (nesta etapa, os plásticos já podem ser vendidos).
5 – Para agregar mais valor, os plásticos podem seguir para um aglutinador, que aquece e resfria o plástico, dando densidade suficiente para entrar na extrusora, que funde, homogeneíza o material e o transforma em tiras, conhecidas como "espaguete".

Os plásticos reciclados são diferentes em relação ao comportamento de metais, pois eles perdem suas características físicas, não podendo ser reaproveitados integralmente na confecção de novos produtos, mas sim agregados em misturas, pois servem para as mais diversas aplicações. As mais comuns são:

- embalagens;
- utensílios domésticos;
- tubos de conexão;
- peças de calçados;
- sacos plásticos;
- peças automotivas;
- componentes para eletrodomésticos;
- revestimentos;
- tecidos.

Borrachas

Presente nos pneus, mangueiras, pedais, volantes, tapetes, vedações de portas e cavidades, coxins, suspensão, etc., atualmente a maioria dos componentes de borracha não se apresenta em sua condição pura, mas sim associada a outros materiais (ex.: pneus que possuem malha de aço em seu interior, mangueiras com abraçadeiras metálicas, coxins com anéis de aço), que aumentam sua resistência estrutural.

O problema é que normalmente a borracha para ser utilizada necessita do processo de vulcanização, que promove características físicas e mecânicas ao componente. Para recuperação e regeneração, é necessária a separação da borracha vulcanizada de outros componentes (como metais e tecidos, por exemplo).

Os pneus, por exemplo, são cortados em lascas e purificados por um sistema de peneiras. As lascas são moídas e depois submetidas à digestão em vapor d'água e produtos químicos, como álcalis e óleos minerais, para desvulcanizá-las. O produto obtido pode ser então refinado em moinhos até a obtenção de uma manta uniforme ou extrudado para obtenção de grânulos de borracha.

A borracha regenerada apresenta duas diferenças básicas do composto original: possui características físicas inferiores, pois nenhum processo consegue desvulcanizar a borracha totalmente, e tem uma composição indefinida, já que é uma mistura dos componentes presentes. No entanto, esse material tem várias utilidades: cobrir áreas de lazer e quadras de esporte, fabricar tapetes para automóveis, passadeiras, saltos e solados de sapatos, colas e adesivos, câmaras de ar, rodos domésticos, tiras para indústrias de estofados, buchas para eixos de caminhões e ônibus, entre outros.

Espumas, tecidos, carpetes e forrações

Espumas, tecidos, carpetes e forrações são utilizados nos veículos em locais onde ocorre o contínuo contato do usuário do veículo, como bancos, tapetes e portas. Além de promover o conforto ao tato, também promove a função estética. Normalmente, são compostos de fibras sintéticas ou materiais originários de reciclagem (ex.: a garrafa PET hoje é utilizada, além de carpetes, nos bancos, nas forrações de portas, em plásticos dos painéis, etc.). Quando no final de vida do veículo, esse material pode ser reaproveitado, entretanto para aplicações menos nobres.

Nos modelos da Fiat, um tipo de "desfiado de brim", resíduo resultante do processo da fabricação de roupa, é um dos elementos responsáveis por isolar a cabine do carro do barulho externo.

Nos modelos da Volkswagen, o projeto Costurando o Futuro[97] reaproveita os uniformes usados dos cerca de 20 mil funcionários

97. Mais informações sobre o projeto podem ser obtidas no endereço eletrônico: <http://fundacaovolkswagen.org.br/projetos/costurando-o-futuro/>.

para a confecção de estojos, *nécessaires* e mochilas. Em três anos, mais de 31 toneladas de tecidos foram reaproveitadas. Restos de cintos de segurança e de tecido do revestimento dos bancos também entram no processo.

Graças a um novo processo industrial, as montadoras podem reciclar sobras de espuma de poliuretano para usá-las na produção de assentos para veículos. As aparas de espuma são trituradas e submetidas a tratamento termoquímico. Em seguida, a massa obtida é moldada no formato de assentos e de apoios de cabeça usados em veículos.

A espuma reciclada corresponde a 5% do peso do material usado no assento e a 10% do empregado nos apoios de cabeça e substitui a quantidade de espuma à base de soja utilizada anteriormente; embora a espuma à base de soja cause menos impacto ambiental do que a de poliuretano, o processo de reciclagem desta última promoverá o aproveitamento de resíduos antes descartados.

A Chrysler consegue reciclar nos Estados Unidos mais de 80 toneladas de aparas de espuma de poliuretano. O volume de material equivale à carga total de 33 caminhões de lixo. Os assentos e apoios de cabeça produzidos com a nova espuma servem para equipar a versão 2016 do SUV *Grand Jeep Cherokee*. No futuro, a montadora espera aumentar o uso da espuma reciclada para 10% nos assentos e 20% nos apoios de cabeça.

Vidros

Em automóveis, normalmente são utilizados os vidros laminados devido à segurança em caso de uma colisão ou quebra, com o objetivo de garantir a integridade de seus ocupantes. O vidro traseiro possui normalmente uma resistência metálica, isso por causa da necessidade de desembaçar o vidro.

Em veículos mais modernos, os vidros são colados na carroceria com o objetivo de melhorar a condição aerodinâmica do veículo e reduzir o ruído (devido ao atrito das partes envolvidas) com o movimento do carro. Porém, o fato de serem colados dificulta sua operação e desmontagem, pois em veículos antigos basta somente desmontar ou cortar a guarnição para a total liberação de vidros.

No Brasil, por efeito de legislação em vidros, são gravados os números de chassi com ataque ácido ou mecânico (*Vehicle Identification Number* – VIN), o que dificulta a utilização do vidro e reduz os roubos. Porém: "tudo o que é vidro vira vidro". A expressão comum na indústria vidreira resume bem o potencial de reaproveitamento desse material, que é 100% reciclável. Com as novas tecnologias, mesmo os vidros temperados são hoje recicláveis por processo de *microfusão*.

Entretanto, trata-se de um produto pouco coletado e subaproveitado no Brasil. Mas isso deve mudar. Buscando adequar-se às novas exigências legislativas para gestão de resíduos sólidos e otimizar a reciclagem no setor, a ABIVIDRO[98] propôs ao Ministério do Meio Ambiente um modelo de gerenciamento inspirado em experiências europeias. A ideia é instalar no Brasil uma instituição gerenciadora responsável por intermediar as relações entre municípios, cooperativas de catadores, beneficiadoras, fabricantes de vidro e envasadoras. Além disso, o órgão iria negociar operações de compra e venda de recicláveis triados, gerir a logística reversa e promover campanhas de conscientização sobre reciclagem.

A estimativa é de que, após quatro anos de sua instalação no país, a gerenciadora fará com que o índice de reciclagem do setor vidreiro atinja 50%. Em termos financeiros, equivale a passar dos atuais R$ 60 milhões movimentados por ano pelo setor para R$ 120 milhões/ano. De acordo com a ABIVIDRO, se os esforços resultarem na adesão de todas as envasadoras existentes no país e de todos os municípios brasileiros, é possível que o setor de reciclagem de vidro movimente cerca de R$ 220 milhões/ano.

O vidro é um material obtido a partir da fusão de matérias-primas, principalmente minerais, resfriado até uma condição de rigidez, sem se cristalizar. O vidro é um material não poroso comum, que resiste a temperaturas de até 150°C sem deformar, por isso pode ser reutilizado várias vezes para a mesma finalidade.

98. ABIVIDRO – Associação Brasileira das Indústrias de Vidro

Por ter uma estrutura molecular amorfa, o vidro pode ser reciclado infinitas vezes sem perder qualidade nenhuma, bastando para isso ser devidamente separado em três cores: verde, branco e marrom. Nesse processo, a coleta seletiva tem uma importância fundamental.

A composição do vidro pode variar de acordo com a sua aplicação, mas é basicamente sílica, óxido de cálcio e óxido de sódio; as composições individuais são muito variadas devido às pequenas alterações feitas para proporcionar propriedades específicas (como índice de refração, cor, viscosidade, etc.).

Processo de reciclagem do vidro

O vidro recebe uma lavagem (para retirar sujidades) e em seguida passa por um processo de trituração. Os cacos são então aquecidos e fundidos a uma temperatura acima de 1300°C. Após esse processo, garrafas, copos, etc. podem ser moldados e utilizados novamente. É uma verdadeira economia de energia e matéria-prima.

Atualmente, estima-se que mais de 40% das embalagens de vidro produzidas no Brasil são de material reciclado. A expectativa é de que esse número aumente. Para isso, precisamos colaborar adquirindo o hábito de separar o lixo. Coloque os utensílios de vidro separados em caixas de papelão e encaminhe para a coleta seletiva de sua cidade.

Baterias

Conjunto de acumuladores elétricos, interligados, que são recarregáveis e construídos para receber, armazenar e liberar energia elétrica por meio de reações químicas envolvendo, basicamente, dois elementos: chumbo e ácido sulfúrico. Atualmente, grande parte do chumbo consumido no mundo é destinado à fabricação de acumuladores elétricos.

A bateria faz parte dos veículos automotores, produzindo e fornecendo energia elétrica para o funcionamento do veículo. Quando chegam ao final de sua vida útil, essas baterias devem ser coletadas e enviadas para unidades de recuperação ou mesmo reciclagem. Medidas como essa garantem que os componentes perigosos (metais e ácido) não sejam descartados em aterros. Boa parte do material de que é composta a bateria pode ser recuperado na reciclagem e utilizado na produção de novos bens de consumo.

Uma bateria descartada de forma inadequada põe em risco o meio ambiente. Baterias automotivas (estacionárias e tracionárias) contêm chumbo na massa positiva, na massa negativa, nas grelhas e conexões e ainda na solução eletrolítica de ácido sulfúrico. É necessário muito cuidado nas instalações, durante o uso das mesmas, no transporte, manutenção, armazenamento temporário e na disposição final, para que não ocorra nenhum tipo de vazamento, seja de chumbo, seja de ácido sulfúrico.

O Brasil atingiu 99,5% de reciclagem das baterias de chumbo-ácido. Como o país não é autossuficiente em chumbo, depende da importação. Esse fator estimula a reciclagem. A maioria dos fabricantes aceita a devolução das baterias velhas. Até em áreas mais remotas a logística reversa tem papel importante na viabilização desse negócio.

Os componentes básicos de uma bateria são:

- Placas positivas e negativas – grades produzidas com uma liga onde é aplicada massa de PbO (óxido de chumbo) adicionada de outras substâncias que responderão por determinadas reações. São responsáveis pelo acúmulo e condução da corrente elétrica.
- Separadores – em polietileno, são envelopes que servem para evitar curtos-circuitos (contato direto entre as placas positivas e negativas).
- Caixas – condicionamento dos elementos da solução eletrolítica.
- Conectores – interligam os elementos da bateria.
- Solução – Composta de 35% de ácido sulfúrico e 65% de água destilada, essa solução é indispensável para que ocorram reações químicas na bateria.

Processo de reciclagem de baterias

O processo começa com a separação do plástico e trituração, recuperação de grelhas de chumbo ligado, que segue o processo de separação, fundição, refino, lingotamento até a fabricação de novas baterias. O plástico é recuperado e reutilizado na produção de caixas e tampas de novas baterias. A solução ácida é estocada e neutralizada, depois filtrada para recuperação dos óxidos e novamente reutilizada.

Não há um substituto economicamente interessante para o chumbo das baterias automotivas de chumbo-ácido. As baterias automotivas de chumbo-ácido representam 70% do emprego mundial do metal chumbo, embora 60% do metal empregado na produção venham da reciclagem. A reciclagem formalizada das baterias de chumbo-ácido é a alternativa que se mostra mais adequada.

O Brasil não é produtor de chumbo primário, dependendo 100% de importações. Com a Convenção de Basileia,[99] as baterias chumbo-ácido foram classificadas como resíduo perigoso e tiveram seu comércio internacional afetado, gerando um impacto significativo na economia ligada ao metal. Isso acabou favorecendo o processo de reciclagem desse material.

Todos os estabelecimentos que comercializam baterias automotivas são obrigados a aceitar a devolução de baterias usadas de qualquer marca (Resolução CONAMA 257/99), e preservar a solução ácida (não jogando em esgotos, nem adicionando água). Não se deve armazenar baterias de chumbo-ácido em lixões, pois isso acabaria contaminando o solo, cursos d´água e lençóis freáticos, prejudicando a saúde de várias pessoas. Todos os estabelecimentos que comercializam baterias automotivas são obrigados a recebê-las de volta (independentemente da marca) cuidando para que não haja o tombamento das baterias e um possível vazamento da solução ácida.

A Resolução CONAMA nº 257, de 30 de junho de 1999, em seu parágrafo único do art. 1º diz:

---

99. A Convenção de Basileia sobre o Controle de Movimentos Transfronteiriços de Resíduos Perigosos e seu Depósito, foi concluída em Basileia, Suíça, em 22 de março de 1989.

Figura 14 Foto de conjunto de baterias

Fonte: istockphoto.com.br

> As baterias industriais constituídas de chumbo, cádmio, e seus compostos, destinados a telecomunicações, usinas elétricas, sistemas ininterruptos de fornecimento de energia, alarme, segurança, movimentação de cargas ou pessoas, partida de motores *diesel* e uso geral industrial, após seu esgotamento energético, deverão ser entregues pelo usuário ao fabricante ou ao importador ou ao distribuidor da bateria.

A armazenagem de baterias usadas de chumbo-ácido deverá ser feita em local coberto, com piso apropriado (concreto), com muretas ou canaletas ou recipiente tal que possa ser usado como contenção. Em caso de vazamento, devem ser mantidas separadas de baterias novas e de outros produtos.

O transporte de bateria chumbo-ácido deve estar de acordo com o Decreto-lei nº 96.044[100] e seguir algumas recomendações:

---

100. De 18 de maio de 1988, que aprova o regulamento para o Transporte Rodoviário de Produtos Perigosos e dá outras providências.

nos veículos deverão ter afixados painéis de segurança (placas), contendo número de identificação do risco do produto e número do produto, rótulos de risco e placa de corrosivo, e o motorista devidamente credenciado e a carga transportada em caminhão-baú ou coberta com lona. O veículo deve possuir *kit* de emergência e Equipamento de Proteção Individual (EPI). O motorista deve manter envelope com ficha de emergência contendo instruções para o caso de algum acidente ou mesmo incêndio.

Atualmente, baterias para veículos elétricos têm se mostrado muito mais eficientes, aproveitando quase 100% da energia armazenada, com pouca geração de calor e ruído, o que deve promover seu maior uso no decorrer dos anos. Essas baterias são produzidas com lítio (mesmo material utilizado na produção de baterias de celulares) e têm vida útil de oito anos. Pesquisas mais recentes mostram que esse número pode aumentar para 20 ou 30 anos – seria muito mais viável. As baterias de lítio são totalmente recicláveis.

É certo que no futuro o veículo elétrico será cada vez mais presente em nossas vidas. As baterias de carros elétricos são bem mais pesadas que as usuais e existentes atualmente em carros, podendo chegar em alguns casos a pesar até 250 kg. Embora sejam unânimes em ressaltar os benefícios ambientais de carros elétricos, as montadoras estão divididas em relação a qual o método correto de descartar, reciclar ou reaproveitar as baterias que os alimentam.

Componentes elétricos e eletrônicos

Um circuito eletrônico é composto de capacitores, resistores, placas, indutores, diodos, etc. Em automóveis, estes controlam funções essenciais ao veículo, seja em sistemas de injeção, amplificação de sinais, execução de cálculos, transferência de dados, envio de dados ou execução de funções.

Tais componentes normalmente são enclausurados em uma caixa de polímeros ou metálicas para proteger de agentes externos (calor, batidas, umidade, etc.). Normalmente, esses componentes são soldados com estanho, cobre, prata, ouro ou até outras ligas.

Vislumbramos hoje no Brasil poucas empresas especialistas em reciclagem de tais componentes. Apesar de não possuir uma alta tecnologia de reciclagem, o país inicia essa caminhada para intervir na crescente produção de lixo eletrônico.

Após a desmontagem desses itens do veículo, alguns fatores devem ser considerados:

1. **Tenha certeza de que o item não tem mais função.** A pressa em se livrar do item pode fazer com que a vida útil dele seja eliminada precocemente. Veja se ele está funcionando antes de seu descarte; antes de descartar, veja se ele não pode ser reaproveitado em outro veículo. A velocidade com que a indústria lança as novidades eletrônicas em veículos e no mercado também incentiva a desvalorização da reutilização.
2. **Os eletrônicos podem causar várias doenças. Portanto, o local de descarte deve ser o adequado.** Caso seu componente já tenha realmente se transformado em lixo, é preciso pensar nas consequências que o descarte incorreto pode causar para entender o que não deve ser feito, pois podem existir elementos nocivos em todos eles:
   - o *mercúrio*, metal que deteriora o sistema nervoso, causa perturbações motoras e sensitivas, tremores e demência, está presente em televisores de tubo, monitores e no computador;
   - o *chumbo*, que compõe diversos componentes em veículos, causa alterações genéticas, ataca o sistema nervoso, a medula óssea e os rins, além de causar câncer;
   - o *cádmio*, presente nos mesmos aparelhos que o chumbo, causa câncer de pulmão e de próstata, anemia e osteoporose; e
   - o *berílio*, material componente de celulares e computadores, causa câncer de pulmão.

Quando tratamos dos problemas ambientais relacionados aos eletrônicos, eles não são menores. De acordo com relatório da Organização das Nações Unidas (ONU), de 2010, a geração de lixo eletrônico cresce a uma taxa de aproximadamente 40 milhões de toneladas por ano em todo o mundo.

Processo de reciclagem dos eletroeletrônicos

- após o processo de desmontagem, o processo de reciclagem se inicia por meio de uma triagem, que pode ser feita manualmente ou por um computador;
- há a separação dos componentes ainda em condições de uso dos que não podem ser reutilizados;
- logo, os componentes são desmontados, e a carcaça, a bateria, o vidro e as placas de circuito são separados, sendo dado um destino diferente para cada componente;
- a carcaça é triturada e separada por material de acordo com a sua densidade;
- depois disso, os resíduos podem, então, ser vendidos para outras empresas que utilizam os polímeros presentes nesses objetos, bem como incinerados para gerar energia (esse método, no entanto, ainda suscita discussões devido às substâncias, como a dioxina, que podem ser liberadas a partir dessa queima), ou podem ser derretidos e transformados em outro plástico;
- os materiais tóxicos são colocados em tanques preparados para armazenar esse tipo de resíduo e são destinados a empresas especializadas;
- o vidro logo é separado por tipos de vidros (ou é misturado e passa por um processo de moagem e tratamento), podendo ser vendido para empresas que o utilizam como matéria-prima; e
- as baterias são separadas e destinadas a empresas específicas que farão o descarte correto ou a reciclagem.

Catalisador

O catalisador (ou conversor catalítico) presente em veículos é um dispositivo utilizado para reduzir a toxidade de gases gerados pelo processo de combustão interna. O processo consiste em reações químicas com metais e matérias considerados preciosos. Trabalha em conjunto com sensores (sondas lambdas)[101] que regulam a quantidade de combustível e ar no motor.

---

101. A sonda lambda mede a quantidade de oxigênio presente nos gases eliminados pelo motor.

Figura 15 Catalisador veicular

Fonte: Fonte: istockphoto.com.br.

É constituído de um bloco cerâmico poroso recoberto por uma película que realiza as reações químicas, revestido por uma manta metálica e um encapsulado metálico. Essa mistura é composta de óxidos de alumínio e óxidos raros e pequenas proporções de metais preciosos, entre eles platina, ródio e paládio.

O processo de reciclagem desse componente é baseado em:

- realização da abertura do encapsulado onde está contido o bloco cerâmico;
- remoção da manta que realiza a isolação térmica;
- manuseio cuidadoso do material cerâmico, que passa por um processo de depuração (consiste em trituração, separação química e fusão), que permite a separação de metais preciosos; e
- envio do restante dos resíduos para destinação correta, seja de reciclagem no caso do material metálico, para isolantes térmicos no caso da manta isolante térmica ou para indústria civil no caso dos resíduos restantes de cerâmica.

Detonadores

Os Detonadores de *airbags*, bem como os pré-tensionadores existentes em cintos de segurança, são dispositivos presentes nos sistemas de segurança passiva dos veículos.

Os *airbags* completam a função dos cintos de segurança, agindo simultaneamente com eles para reter o movimento dos ocupantes para a frente.

O CONTRAM,[102] nas resoluções nº 311 e 312, institui a obrigatoriedade da adoção do *airbag*, bem como a utilização de freios do tipo ABS para todos os veículos produzidos a partir de 2015. Essa implantação começou de forma gradual desde 2010, de acordo com um cronograma específico.

Os *airbags* são bolsas constituídas geralmente de *nylon* ou poliamida, que se inflam após a ação do detonador, acionado eletricamente no caso de uma colisão ou capotamento do veículo.

Esses componentes devem ser retirados dos veículos e detonados para não colocar em risco os profissionais que realizam o desmonte do veículo. Como em sua composição não existe nenhum elemento que necessite de tratamento especial para descarte, sua destinação final não requer tratativa especial além da encontrada no mercado, para tecidos, circuitos elétricos e/ou metais.

Por se tratar de elementos de segurança a desmontagem destes componentes e sua reutilização não é permitida.

Filtro de óleo

Constituído de um elemento filtrante (geralmente papel ou lã de vidro) e revestido de um corpo metálico, o filtro de óleo – de acordo com a resolução do CONAMA nº 313, de 29 de outubro de 2002 – deve ser removido quando do final de vida do veículo ou na ocorrência de eventuais substituições, e enviado para aterros adequados como resíduo do tipo Classe I ou para processamento em reciclagem.

---

102. Conselho Nacional de Trânsito.

Processo de reciclagem do filtro de óleo

1. Consiste na retirada do filtro do veículo; o óleo contido no interior desse filtro deve ser retirado – normalmente, ele é retirado por processo de prensagem.
2. O corpo metálico é fragmentado e pode ser enviado para reciclagem de metais.
3. Para retirada de resíduos metálicos (em forma de pó), ocorre a separação magnética.
4. Já o elemento filtrante resultante é um resíduo impregnado com óleo combustível e deve ser considerado resíduo Classe I, podendo ser destinado para aterros adequados ou processo de incineração.

Lubrificantes

O óleo lubrificante é um dos poucos derivados de petróleo que não têm sua procedência totalmente consumida, porém o seu uso contribui para uma contínua degradação ambiental e, a cada troca, sempre resta um pequeno volume capaz de provocar sérios danos à natureza. O seu reaproveitamento ou refinamento permite que o produto seja transformado em óleos básicos e novamente reutilizado como matéria-prima.

A lei do CONAMA nº 362/05 determina que cada setor produtivo do resíduo seja totalmente responsável quanto ao recolhimento e coleta, além da destinação correta do óleo lubrificante para o refino.

Em veículos, os óleos atuam em partes móveis, diminuindo com sua ação o atrito e atuando como dissipadores de calor nos motores de combustão interna. Seus constituintes normalmente são de origem mineral, entretanto existem automóveis que se utilizam de composições sintéticas; apesar de serem mais caros, seus intervalos de trocas normalmente são maiores.

As condições de retirada desses lubrificantes devem ser controladas, uma vez que podem atuar como combustíveis no caso de acidentes por serem inflamáveis e por apresentarem alguma toxidade. O bujão deve ser retirado e o óleo deve ser escoado por gravidade ou por ação de uma pressão inversa para um recipiente adequado.

Todos os lubrificantes podem ser reaproveitados após a retirada de umidade e de resíduos (finos) que se adicionam a sua composição final. Após esse tratamento, tal lubrificante pode ser reaproveitado para a produção de novos lubrificantes ou como combustível energético em fornos e caldeiras industriais.

Novas tecnologias vêm sendo adotadas para o refino de óleos lubrificantes, passam por um complexo processo de separação e tratamento químico e filtragem até voltar ser óleo mineral novamente, passando por laboratório que checa a qualidade. Já existem equipamentos que realizam a microfiltragem de óleos lubrificantes, possibilitando a sua reutilização por empresas.

Combustíveis

Os veículos que circulam no Brasil utilizam como combustível a gasolina, o etanol, *diesel* ou GLP (gás liquefeito de petróleo). Ao final da vida útil do veículo, o combustível deve ser retirado, tomando-se os devidos cuidados com a segurança durante o manuseio.

O tanque normalmente é perfurado por uma ferramenta antifaiscante, e o combustível é escoado para recipientes adequados por ação de pressão inversa. É preciso tomar cuidado também ao esvaziar os recipientes de gasolina (caso de veículos a etanol), bem como as linhas de distribuição do combustível.

Fluido hidráulico de freios

Constituído de uma série de aditivos:

- anticongelantes;
- antioxidantes;
- anticorrosivos; e
- reguladores de ponto de ebulição.

Os fluidos hidráulicos de freios são normalmente agressivos ao meio ambiente devido a sua ação química e devem ser retirados de veículos com extremo cuidado por causa de sua ação corrosiva, tóxica e inflamável.

O sistema de freio é composto de tubulações, cilindros de compressão e/ou expansão, e este deve ser totalmente drenado em relação à existência, em seu interior, de fluidos, e destinado a recipientes adequados. Sua recuperação é a mesma adotada para óleos lubrificantes.

Fluido de ar-condicionado

É possível encontrar dois tipos de fluidos térmicos em veículos:

- o **R12** – Este está praticamente extinto, proibido desde 1994 por sua composição realizar a degradação da camada de ozônio (entretanto, em veículos antigos e com sistema desativado por longo tempo, ainda pode ser encontrado);
- o **R134a** – Passou a ser utilizado em 100% dos veículos a partir de 1994.

O artigo 7º da Resolução nº 267 do CONAMA (de 14 de setembro de 2000) exige a coleta e a destinação correta de qualquer produto que contenha CFC – Cloro Flúor Carbono – manuseado no país.

O fluido de ar-condicionado deve ser totalmente drenado e destinado a recipientes adequados. Para isso, utiliza-se um equipamento específico que possui sistema de filtragem acoplado e é ligado ao sistema do ar-condicionado. O fluido é retirado por meio de pressão a armazenado em cilindros adequados, sendo assim reaproveitado para novamente abastecer sistemas de ar-condicionado.

Resíduo de Fragmentação Automotiva – RFA

No processo de beneficiamento, os veículos em final de vida são fragmentados e triturados e as carcaças dos carros entram em grandes máquinas rotativas que as transformam em pequenos fragmentos. Processos mecânicos e magnéticos separam os metais ferrosos de não ferrosos, que são enviados para a indústria de beneficiamento. O material restante é denominado Resíduo de Fragmentação Automotiva (RFA). Nesse resíduo existem todos os componentes

Figura 16 Impactos ambientais

ASPECTOS E MATERIAL	IMPACTOS AMBIENTAIS POTENCIAIS E DA DISPOSIÇÃO INADEQUADA	COMENTÁRIOS
Metais em Geral	Desperdício de recursos não renováveis, proliferacão de vetores urbanos e ocupação de espaçoes em aterros	Material responsável por mais de 65% do peso. Pode ser reciclado indefinidamente com baixo custo e eficiência
Plásticos	Desperdício de recursos não renováveis, proliferação de vetores urbanos e ocupação de espaços em aterros	Torna o carro mais leve e reduz o consumo de combustível. Diversificação dificulta a reciclagem. Plásticos reciclados, perdem a qualidade se reprocessados e normalmente são destinados a usos menos exigentes que a produção automobilística
Borracha	Desperdício de recursos não renováveis, proliferação de vetores urbanos e ocupação de espaços em aterros	A maioria das peças de borracha contém metais de reforço. Tecnologia de reciclagem estão disponíveis. Pneus sofrem legislação específica
Espumas, Tecidos, carpetes e forrações	Desperdício de recursos não renováveis, proliferação de vetores urbanos e ocupação de espaços em aterros	Podem ser submetidas a reciclagem energética. Lã de rocha e também lã de vidro utilizados no isolamento térmico de veículos são de difícil rciclagem
Vidros	Desperdício de recursos não renováveis, proliferação de vetores urbanos e ocupação de espaços em aterros	Os para-brisas são produzidos por processo de laminação de vidro são possíveis de reciclagem entretanto seu processo é mais complicado. Há uma tendência de que outros do veículo passem a utilizar a mesma tecnologia, em virtude da segurança dos ocupantes
Baterias	Contaminação por chumbo e por ácido	Existe uma regulamentação específica a fabricantes de baterias e destinaçao final
Componentes Elétricos e Eletrônicos	Contaminação por metais pesados e dioxinas	Contém cobre, prata, ouro e outros metais de alto valor, o que auxilia sua reciclagem. Entretanto deve se tomar cuidados pois alguns elementos possuem mercúrio e chumbo
Catalisador	Contaminação por metais pesados e desperdício de recursos não renováveis (metais nobres como a platina)	Existem um mercado estabelecido para a recuperação dos catalizadores
Destinadores	Contaminação por metais pesados e desperdício de recursos não renováveis (metais nobres como a platina)	Devem ser retirados dos veículos e detonados para não colocar em risco a segurança de pessoas e seu reaproveitamento
Lubrificantes e Combustíveis	Contaminação de solo e água por óleo	Existe uma regulamentação específica para lubrificantes e combustíveis
Fluido Hidráulico de Freios	Contaminação de solo e água por componentes químicos diversos	Existe uma rgulamentacnao específica para fluido hidráulico de freios
Fluido de Ar-condicionado	Danos a camada de ozônio e aumento do efeito estufa	Embora os CFC's tenham sido eliminados desde 1994, alguns gases do Anexo C do protocolo de Montreal ainda são usados, inclusive em misturas que formam os fuidos alternativos

Fonte: Romanini dos Passos, Eduardo - Reciclagem de Automóveis

não metálicos que há em um veículo, que representam 30% do peso total desse veículo.

Do mesmo modo que os materiais utilizados na fabricação de um veículo variam conforme a idade, o modelo e a tecnologia empregada e de acordo com o fabricante do veículo, assim varia a composição do Resíduo de Fragmentação Automotiva, o que gera uma grande dificuldade em sua reciclagem devido a uma grande gama de materiais envolvidos.

Nesse caso, a caracterização desse resíduo é extremamente importante para que seja definido um processo de destinação final. É um grande desafio a ser atendido pela logística reversa automotiva.

Com o objetivo de melhorar o desempenho do produto e da eficiência dos seus processos de manufatura, a indústria tem empregado cada vez mais novas matérias-primas em diferentes processos, causando cada vez mais dificuldades no seu processo de reciclagem.

Outra dificuldade é que os veículos estão se tornando projetos globais, pois tecnologias em mercados com custos gerais mais competitivos começam a ditar os preços mundiais e o veículo é distribuído em diversos mercados.

Claro que esses projetos podem ser paralisados em caso de alguma ocorrência não planejada, como, por exemplo, o tsunami que ocorreu no Japão e paralisou diversos centros automotivos pelo não recebimento de peças ali produzidas.

É lógico que as montadoras gostariam de ter um maior índice de reciclagem em todos os centros industriais, mas fatores econômicos verdadeiramente ditam as condições atuais de mercado.

Na definição do projeto, a engenharia envolvida deve levar em consideração toda a cadeia de fornecimento e as características de seus postos de industrialização.

Em alguns casos deve-se buscar a oferta do material e como este será reciclado, de forma que seja ecologicamente sustentável. Caso contrário, o projeto pode ficar restrito a um número limitado de fornecedores. Isso reduz o poder de negociação das montadoras junto a seus fornecedores, pois se sujeitam a valores maiores do que suas *commodities* originais, além de uma possível possibilidade de atender as quantidades requeridas e a qualidade dos produtos fornecidos.

Portanto, o projeto deve avaliar as demandas de energia e componentes ao longo do ciclo de vida do veículo, quantificando a fase de extração, beneficiamento, produção, distribuição, consumo e reciclagem por meio de logística reversa.

Como o projeto inicial deve considerar hoje também processos de logística reversa, ferramentas que iremos descrever a seguir podem auxiliar a Engenharia Reversa. São elas:

- O *Eco Design* e a análise de ciclo de vida de um veículo; e
- *Design for Assembly* (DfA), *Design for Disassembly* (DfD), *Design for the Environment* (DfE)

O *Eco Design*

O conceito de *Eco Design* é recente, originou-se no início dos anos 1990, com os esforços das indústrias eletrônicas dos EUA para criarem produtos que fossem menos agressivos ao meio ambiente.

Formaram uma força-tarefa para desenvolver uma base de conhecimentos em projetos voltados para a proteção do meio ambiente, que primeiramente beneficiou essas indústrias. A partir dessa época, tem crescido rapidamente o interesse pelo tema, principalmente em empresas que já desenvolviam programas de gestão ambiental e de prevenção da poluição.

O *Eco Design* tende a minimizar o impacto ambiental, reduzir custos de produção e possibilitar as empresas um diferencial competitivo dentro de um mercado que a cada dia dá maior ênfase ao desenvolvimento sustentável, assumindo assim um papel fundamental no contexto mundial, visto que a capacidade de extrair matérias-primas da natureza vem se esgotando em um ritmo acelerado.

Assim, a utilização de técnicas de desenvolvimento de produtos deve conter em sua base itens que viabilize a geração de produtos com vistas ao eco *design*, garantindo, então, o mínimo de impacto ambiental.

Por certo, os consumidores preocupam-se mais em adquirir veículos menos impactantes ao meio ambiente, existindo, também, tendências globais que colocam como condição essencial, para os fornecedores, que os produtos e serviços tenham um projeto que vise o respeito ao meio ambiente.

Objetivos do Eco Design

Tem se tornado uma ferramenta essencial para prevenção da poluição e também para a Análise de Ciclo de Vida (ACV) do produto. São três os principais objetivos do *Eco Design*:

- minimização do uso de recursos renováveis;
- gerenciamento efetivo dos recursos renováveis; e
- minimização dos descartes para o meio ambiente. O Projeto para o Meio Ambiente (PMA) é uma consideração sistemática, que se inicia no processo e produção, em que preocupações associadas a saúde e controle ambiental são levadas em conta em todo o ciclo de vida do produto.

Os novos modelos de veículos devem:

- emitir menos gases tóxicos responsáveis pelo efeito estufa;
- consumir menos combustíveis;
- consumir menos materiais;
- conter menos substâncias perigosas ao meio ambiente;
- ser cada vez mais recicláveis, etc.

Esses benefícios devem ser obtidos com a participação de todos os agentes da cadeia de fornecimento da indústria automotiva. Coordenados pelas montadoras e suportados por centros de pesquisa associados a tal esforço, esses novos projetos devem incorporar as novas descobertas, a legislação que seja definida e o uso de novos materiais ou processos que possam ser incorporados ao projeto.

***Design for Assembly* (DFA)**

A facilidade de montagem ou DFA é uma prática que tem como objetivo projetar um produto de modo que possa ser facilmente montado. Assim, o DFA procura tornar a montagem do produto menos custosa e o mais otimizada possível.

De acordo com o DFA, o processo de montagem manual pode ser dividido em duas áreas distintas:

- manuseio; e
- inserção (juntar uma peça com outra ou com grupo de peças).

Regras para um fácil manuseio:

1. Desenhar peças com simetria de ponta a ponta e simetria rotacional sobre o eixo de inserção.
2. Desenhar peças que, quando não puderem ser feitas simetricamente, tenham partes obviamente assimétricas.
3. Fornecer características que irão prevenir "emperramento" de peças que tendem a se prender quando guardadas em grandes volumes.
4. Evitar características que permitam o nó de peças quando guardadas.
5. Evitar peças que colam umas nas outras, ou são escorregadias, delicadas, flexíveis, muito pequenas, muito grandes ou que sejam perigosas (ou afiadas) para quem as manuseia.

Segundo o DFA, as características que afetam o tempo de manuseio são: tamanho, espessura, peso, fragilidade, flexibilidade, fluidez, aderência, necessidade de instrumentos óticos e necessidade de assistência mecânica.

Regras para uma fácil inserção (na hora da montagem):

1. Desenhar peças de modo que haja pouca ou nenhuma resistência para inserção e fornecer as guias para a inserção de duas peças.
2. Padronizar usando peças, processos e métodos comuns para todos os modelos.
3. Usar montagem em pirâmide que permite montagem progressiva sobre um eixo de referência. Em geral, é melhor montar de cima para baixo.
4. Evitar a necessidade de segurar as partes dos componentes para manter sua orientação durante a manipulação de submontagens ou durante a colocação de outra peça.

5. Desenhar de modo que a peça precise ser centralizada antes de ser solta.

As características que influenciam na inserção e união são: acesso ao local de montagem, facilidade de operação da ferramenta, visibilidade do local da montagem, facilidade de alinhamento e posicionamento durante a montagem – profundidade da inserção.

Design for Disassembly (DFD)

O DFD, também conhecido na literatura como projeto para desmontagem, surgiu a partir de legislações ambientais que demandam que fabricantes sejam responsáveis pelo descarte dos seus próprios produtos. Essa técnica busca avaliar a facilidade de desmontagem de conceitos de produtos.

Como questões ambientais estão em foco, ao facilitar o processo de desmontagem visando à reciclagem ou até mesmo ao reaproveitamento de peças, empresas estarão atendendo legislações correntes e futuras, além de ganhar a simpatia de consumidores por estarem trabalhando a favor do meio ambiente.

O objetivo do DFD é projetar produtos facilitando a sua desmontagem, isto é, tornar ágeis e econômicos o desmembramento das partes componentes e a separação dos materiais, facilitando, consequentemente:

- manutenção;
- reparação;
- atualização; e
- reciclagem dos produtos.

Existem algumas regras de boa conduta sugeridas pelo DFD:

- minimizar e facilitar as operações para a desmontagem e separação;
- usar sistema de junção removível;
- saber quando usar sistemas de junção permanente, e que estes sejam de fácil extração;.

- prever tecnologias e equipamentos específicos para a desmontagem destrutiva;
- usar materiais que possam ser facilmente separados após a sua trituração;
- usar insertos metálicos que possam ser facilmente separados antes da trituração dos materiais.

Design for the Environment (DFE)

O principal objetivo do DFE é projetar alguns produtos que minimizem ao máximo os impactos ambientais – sejam eles diretos ou indiretos. Algumas estratégias são apresentadas para reduzir o uso dos recursos naturais, simplificar a forma agrupando algumas funções e evitar o superdimensionamento, diminuindo o volume e o peso, como também economizar o uso de água. Usar fontes de energia sustentável na fabricação e no transporte. No processo de reutilização:

- facilitar a desmontagem;
- procurar sempre novas atualizações tecnológicas;
- projetar um melhor intercâmbio das peças utilizadas.

Deve-se planejar o fim da vida útil dos materiais e produtos, de modo a:

- utilizar materiais biodegradáveis em produtos de vida útil ou breve;
- utilizar materiais que possam ser incinerados para a geração de energia sem que produzam emissões tóxicas.

O reúso na indústria automotiva

Existe uma corrente na indústria que defende o reaproveitamento de peças na indústria automobilística, embora essa não seja uma prática usual junto aos fabricantes. Na verdade, fatores logísticos, econômicos e implicações legais não possibilitam tal processo.

Os requisitos de gestão da qualidade ISO/TS 16949[103] presentes na indústria automobilística ou órgãos reguladores como o sistema de proteção ao consumidor (como o PROCON) e órgãos de trânsito (como a CET), estipulam condições mínimas de segurança em produtos.

Como é impossível garantir a condição de um produto retirado de veículos em ciclo final de vida, devido ao seu desgaste ou fadiga, bem como a mudança de funções em novos projetos com o desenvolvimento de novos produtos, ficam estes totalmente inviáveis quanto ao seu reaproveitamento e montagem em novos veículos.

As matérias-primas, as máquinas, os operadores e até mesmo as embalagens utilizadas devem ser certificados e aprovados antes de serem montados produtos gerados nestas linhas industriais.

Além disso, os produtos gerados devem permitir a rastreabilidade, ou seja, a capacidade de se determinar o fabricante, a data de fabricação e o lote ao qual pertence o material ou componente, o equipamento e até mesmo o operador que os produziu.

Todos os produtos novos possuem um prazo de validade e garantia e após esse prazo devem ser descartados. Componentes reaproveitados jamais poderão garantir os requisitos de qualidade exigidos pelo segmento automotivo.

São comuns as campanhas de *Recall* no mercado automotivo. O *Recall* é o procedimento gratuito pelo qual o fornecedor informa o público e/ou eventualmente o convoca para sanar os defeitos encontrados em produtos vendidos ou serviços prestados. O objetivo essencial do *Recall* é proteger e preservar a vida, a saúde, a integridade e a segurança do consumidor, além de evitar e minimizar prejuízos físicos ou morais.

Qualquer componente automotivo, por mais insignificante que seja, pode gerar o *Recall*, por isso a preocupação de garantir a qualidade do produto utilizado.

---

103. A ISO/TS 16949 é uma especificação técnica com base na ISO 9001 e é a norma que define os requisitos do sistema de qualidade para a cadeia de fornecedores da indústria automotiva.

A Engenharia Reversa

Malvista por alguns, mas aliada no trabalho de outros, assim é a Engenharia Reversa – processo de reconstrução de um produto a partir de um modelo. Algumas empresas a veem como a "arte de copiar" produtos de outros. Mas a engenharia reversa está ajudando empresas a reduzir tempo e custo quando, por exemplo, buscam repor uma peça antiga em que não existe mais qualquer documentação técnica a seu respeito, acertar ferramentas avariadas ou comparar perfis.

A ideia é desmontar um veículo de um concorrente e aprimorar os processos que compõem a indústria automotiva, com base em produtos de concorrentes. Depois disso, esse veículo é inteiramente descartado.

No caso de peças, atualmente, para criar uma nova no processo tradicional é necessário fazer a medição de cada um dos lados da peça física com instrumentos precisos para especificação do produto. Com esses dados inicia-se o trabalho de desenho da peça em um *software* de CAD. Depois vem a fase de programação da máquina-ferramenta no ambiente de *software* CAM.

Outra aplicação da engenharia reversa é a de avaliar o desempenho de um veículo em uso. Isso é realizado pela indústria auto-

Figura 17 Componentes do automóvel

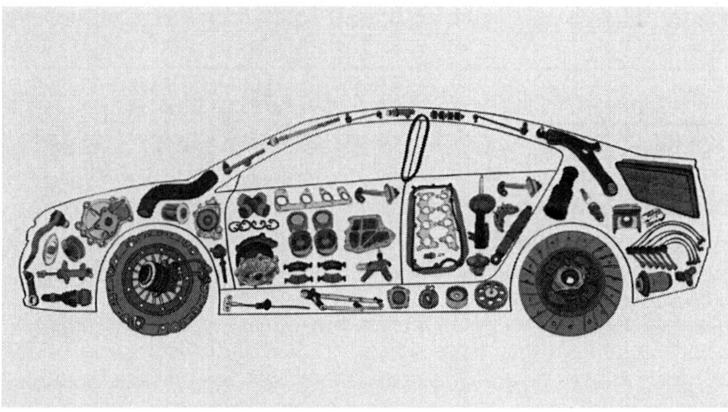

Fonte: istockphoto.com/br

motiva e por revistas especializadas em avaliar condição, corrosão e comportamento de itens específicos.

Iniciativas do mercado mundial

Comunidade Europeia (CE)

Nos grandes centros urbanos da Comunidade Europeia (e nela toda, em geral), existe uma forte preocupação com o meio ambiente e com o reaproveitamento de materiais recicláveis. Podemos dizer que milhões de veículos circulam todos os dias nos países-membros da CE. Os veículos em fim de vida, os chamados ELVs (*End Life Veicules*), ou, em português, "veículos em fim de vida", são encaminhados para reciclagem, o que representa uma boa taxa de reaproveitamento dos materiais nesse processo, estabelecendo metas para toda a CE.

Do ponto de vista jurídico das Diretrizes Europeias, a *Directive* 2000/53/EC[104] estabeleceu metas e datas quantitativas e referenciais para a reciclagem de ELVs, assim dispostos:

- até 1º/1/2015, 80% de reciclagem ou reutilização de componentes e 85% de valorização total;
- até 1º/1/2016, 85% de reciclagem ou reutilização de componentes e 95% de valorização total.

A diretiva acrescenta, ainda, outras recomendações no intuito de reduzir a aplicação de metais pesados nos veículos, revisando os projetos para facilitar a desmontagem e a reciclagem, além de incentivar a utilização de matéria-prima reciclada e materiais que causem o mínimo de impacto ambiental. A implantação da reciclagem veicular desenvolve novas áreas de mercado e indústria, que direcionam os materiais processados para usinas siderúrgicas e outros segmentos.

---

104. O documento pode ser acessado no endereço: <https://eur-lex.europa.eu/LexUriServ/LexUriServ.do?uri=CONSLEG:2000L0053:20050701:EN:PDF>

No Japão

A extensão territorial japonesa possui um espaço físico bem reduzido. Diante disso, seus recursos naturais são bastante limitados, fazendo com que suas reservas sejam muito valorizadas. Aconteceu que, logo após o final da Segunda Guerra, o Japão iniciou uma nova fase de recuperação industrial voltada para a indústria siderúrgica e automotiva, acompanhando o mercado mundial.

Com rápido crescimento, o país inseriu em seu território um grande número de veículos. Com o passar do tempo, esses veículos, ao ficarem velhos, foram sendo abandonados, pois não havia condições seguras de rodagem. Essa prática acabou estimulando um processo de reaproveitamento e reciclagem, tornando mais adequada a paisagem urbana, tão limitada.

Na década de 1990, o Governo iniciou, por meio de leis de promoção, uma corrida regulatória que visava à disposição de resíduos sólidos, o reaproveitamento e reúso de materiais utilizados na fabricação de produtos diversos que, até aquele momento, eram considerados rejeitos descartáveis. São elas:

- 1995 – Lei de incentivo à reciclagem de embalagens e *containers*;
- 1998 – Lei de incentivo à reciclagem de aparelhos eletrodomésticos;
- 2001 – Lei de incentivo ao tratamento de resíduos contendo bifenil policlorado (contaminante ambiental);
- 2001 – Lei de incentivo à reciclagem de resíduos alimentares;
- 2002 – Lei de incentivo à reciclagem de resíduos da construção civil;
- 2005 – Lei de incentivo à reciclagem de veículos (ELVs).

Cabe destacar – e nos interessa aqui – que a taxa de reaproveitamento residual de veículos automotores aumentou de forma considerável, equiparando-se aos moldes europeus. A legislação japonesa determina que o comprador de um veículo novo efetue o pagamento de uma taxa destinada à reciclagem e, quando da venda ou substituição do veículo, a taxa seja devolvida ou utilizada para a compra de um novo. Isso diminui o descarte irregular dos veículos, reduz o preço do seguro e desestimula o comércio paralelo e ilegal de peças e agregados.

Nos Estados Unidos da América

Os Estados Unidos da América não possuem uma legislação federal específica a respeito da reciclagem, o que não impede os Estados-membros de reaproveitar os materiais aplicados na construção de veículos, de maneira semelhante ao processo japonês. Um acordo setorial entre fabricantes e Estados possibilita a troca de veículos velhos por modelos novos, menos poluentes e com tecnologia de ponta. Tudo isso mediante leis de incentivo, acirrando ainda mais a concorrência entre os veículos de fabricação americana e os importados dos países asiáticos.

A entrada de diversos concorrentes fez com que os organismos americanos, junto com órgãos governamentais, se associassem em busca de propostas para atualizar, gerenciar e reciclar veículos, criando, dessa forma, novas diretrizes a serem seguidas. Diante disso, foi possível notar certa concorrência, e os grandes automóveis e motores avantajados fabricados pelo mercado americano acabaram perdendo espaço para minicarros econômicos com motores menores e pouco poluentes.

Nos EUA, existe uma modalidade de desmontagem de carros, chamada de U Pull & Pay,[105] na qual o cliente, dentro do ferro-velho, escolhe a peça do carro que precisa e, com suas próprias ferramentas, desmonta, leva para o caixa e paga. Um serviço inovador e de grande qualidade. Com isso, muito do carro é reutilizado.

Na América Latina

O gerenciamento dos VFV nos países em desenvolvimento é diferente nos países desenvolvidos. Isso porque na maioria dos paí-

---

105. Mais informações sobre esse serviço no endereço eletrônico: <https://upullandpay.com/>.

ses emergentes priorizam-se assuntos econômicos em detrimento dos assuntos ambientais. Por tal razão, as suas legislações ainda estão na fase de ideias e/ou discussões nos congressos – mas expressas em leis.

Na Argentina

A experiência na Logística Reversa em reciclagem de veículos na Argentina foi iniciada pelo setor privado no ano de 1995 a partir da criação do CESVIAUTO.[106] Interessante destacar que o modelo não nasceu da preocupação ambiental, mas da necessidade de combater os roubos e a desmontagem ilegal de veículos, que envolviam cidadãos e a própria polícia.

Durante a crise nos anos 2000, a Argentina observou um grande número de roubos de veículos, tanto que chegou a índices que apontavam 30% dos homicídios relacionados a roubos de carros.

Então, observou-se a necessidade de legislações a esse respeito, que permitiram a criação de 29 centros especializados para reciclagem de veículos, como forma de dar uma destinação legal e adequada para veículos em final de vida, permitindo ganhos econômicos, ambientais e sociais ao governo argentino, além de contribuir com a redução de roubos de veículos (essa ação reduziu em 70% os roubos de veículos) e promover a redução de desmanches ilegais no país, visto que eliminou a cadeia de recebimento de peças de veículos roubados.

Em setembro de 2015, os Centros de Reciclagem receberam de 3.000 a 3.200 carros mensais provenientes das seguradoras que recebem em média 40% dos valores atuais do carro no mercado.[107] Os veículos são inteiramente desmontados e os materiais são plenamente recuperáveis. Empresas parceiras dos ramos de construção civil, químicos e de combustíveis participam da cadeia de reciclagem, gerando receitas para todas.

---

106. *Centro de Reciclado y Venta de Repuestos Legales.*

107. Fonte: *Asociación de Fabricantes de Automotores* (ADEFA).

O investimento inicial desses centros de reciclagem foi de dois milhões de dólares e seu retorno do investimento foi amplamente recuperado em dois anos e meio. O modelo argentino se torna um exemplo de gerenciamento ecológico de sucesso, em que razões sociais e financeiras atingiram um benefício socioeconômico.

Mesmo assim, esses valores são bem menores que os possíveis de produção pela indústria argentina, que em 2011 conseguiu produzir 811 mil veículos.

No México

O programa de renovação da frota no México foi fruto de diálogo entre o governo do país e produtores de veículos, com o objetivo de elaborar um sistema para incentivar a compra de veículos novos.

O projeto, lançado no ano de 2003, priorizou a retirada de veículos obsoletos em circulação e foi chamado de Programa de *Chatarrización* (sucateamento). O usuário entrega o veículo antigo e realiza a compra de um modelo novo ou seminovo com desconto (até seis anos de uso). Atividades de desmontagem dos veículos velhos são efetuadas por diversas empresas, muitas delas sem tecnologia adequada, pois são simplesmente lojas ou depósitos de sucata que coletam algumas partes. O resto dos materiais é enviado para as trituradoras e/ou aterro sanitário. Atividades como essas geram impactos no meio ambiente, pois não existem processos de despoluição.

Esse fato mostra que as atividades de coleta e distribuição das partes dos VFV é uma gestão ineficiente. Não existe uma política de proteção do meio ambiente como consequência dos resíduos gerados pelos automóveis velhos. A sustentabilidade ambiental está em perigo.

A logística reversa nesse país, como em outros países não desenvolvidos, ainda não contribui com a sustentabilidade ambiental, devido ao fato de os governos não terem uma visão certa das palavras *proteção do meio ambiente*. Programas de renovação da frota de veículos não resolvem o problema, pois a retirada de veículos obsoletos e sua alocação em depósitos sem condições para proteção não favorecem o meio ambiente.

No Brasil

No Brasil, 98,5% da frota nacional terminam em desmanches e depósitos, segundo estimativa do Sindicato do Comércio Atacadista de Sucata Ferrosa e Não Ferrosa (SINDINESFA). Há poucas iniciativas isoladas.

Para orientar o destino de todos os componentes do automóvel, pode ser observada a norma ABNT NBR 10004[108] (Resíduos sólidos – Classificação), que define detalhadamente o procedimento para cada elemento. A norma classifica os resíduos sólidos quanto aos seus potenciais riscos ao meio ambiente e à saúde pública, para que possam ser gerenciados adequadamente.

Recentemente, foi sancionada a Lei nº 12.977,[109] de 20 de maio de 2014, que regula e disciplina as atividades de desmontagem de veículos automotores terrestres. Poucas ações foram realizadas para que haja efetivos com relação à prática da Logística Reversa de Veículos em Fim de Vida.

Os órgãos responsáveis ainda não deram prioridade a esse tema no sentido de regular as atividades e incentivar tal prática como estratégia de cunho político, social, econômico e ambiental. Medidas como incentivo tributário (benefício fiscal) para montadoras e demais elos da cadeia produtiva que adotarem a nova norma seriam também bem-vindas.

No Brasil, a concessão de benefícios tributários ou fiscais possui limitação constitucional, de modo que somente uma lei específica pode concedê-los, de sorte a trazer transparência e segurança jurídica, livrando o aplicador da lei da tarefa de manusear infindáveis normas espalhadas na legislação ordinária. Cabe, portanto,

---

108. Ver a nota 76.

109. Regula e disciplina a atividade de desmontagem de veículos automotores terrestres; altera o art. 126 da Lei nº 9.503, de 23 de setembro de 1997 – Código de Trânsito Brasileiro; e dá outras providências.

não só à classe política brasileira, mas também à sociedade organizada, propiciar o surgimento de ambiente legislativo que viabilize a criação de norma legal específica para desonerar fiscalmente as montadoras e demais elos da cadeia produtiva que aderirem à nova postura de reciclagem veicular.

Figura 18 Ciclo de vida do automóvel

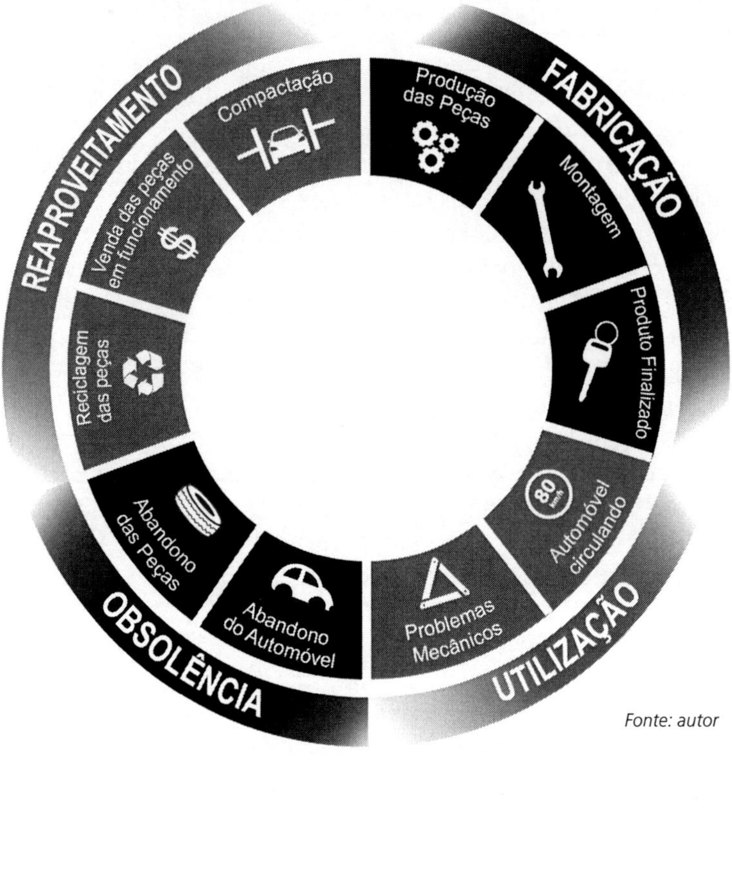

Fonte: autor

POSFÁCIO

Carros elétricos: futuro ou de volta ao início?

Os primeiros carros elétricos fabricados no mundo datam do começo do século XIX. Na verdade, os registros são bem controversos, incluindo datas, modelos e seus inventores. No começo todos eles pareciam carroças e eram uma espécie de triciclo, com rodas semelhantes às de bicicletas. O primeiro carro elétrico de produção industrial foi o *Elektrowagen*, criado pelo alemão Andreas Flocken, em 1888. A empresa americana Baker Motor Vehicle Company começou a produzir seus *Electrics Bakers* por volta de 1899.

Naquela época, a velocidade dos carros era muito baixa, em torno de 15 km/h, enquanto outros chegavam a pouco mais de 30 km/h. O primeiro carro elétrico a ultrapassar os 100 km/h foi o *La Jamais Contente*, conduzido pelo motorista belga Camille Jenatzy, em 1899.

Logo os motores a combustão passaram a ser os preferidos, alcançando velocidades cada vez maiores. E os motores passaram a ser alimentados por derivados de petróleo (altamente poluentes).

A empresa brasileira Gurgel Motores[110] apresentou em 1974 o

---

110. Para saber mais sobre a história da empresa e do engenheiro João Augusto Conrado do Amaral Gurgel, ler a biografia *Gurgel: um brasileiro de fibra*, da Editora Alaúde, e *Gurgel: um sonho forjado em fibra*, da Editora Labortexto, ambos escritos por Lélis Caldeira.

Itaipu, um minicarro elétrico que, com apenas 4 cv de potência, atingia 50 km/h e tinha uma autonomia de 70 km, primeiro produzido na América Latina. A produção em série da Gurgel foi o modelo *E-400*, que atingia 80 km/h com apenas 13 cv de potência e tinha uma autonomia de 127 km.

A empresa Porsche, no início do século XX, lançou o primeiro híbrido elétrico-gasolina. Na década de 1990, a empresa Toyota lançou o *Prius*, primeiro híbrido em série. Nos dias de hoje, os carros híbridos representam tecnologia ultrapassada e os carros 100% elétricos são a sensação do mercado automotivo. Para citar dois exemplos em alta: o modelo da Chevrolet, o *Bolt EV*, tem um torque de 36,8 mkgf e seus mais de 200 cv de potência; consegue uma autonomia de 380 km; o *Model S* da Tesla possui versões que ultrapassam os 600 km de autonomia com baterias de 100 kWh, 500 cv de potência, atingindo os 200 km/h.

Um carro a combustão chega a lançar, durante um ano, mais de uma tonelada de gases poluentes na atmosfera. A vantagem dos carros 100% elétricos é sua contribuição positiva para o meio ambiente: zero poluentes – ecologicamente corretos. No entanto, o problema ainda são as baterias. As mais recentes, de íon de lítio

Figura 19 Carro elétrico

Fonte: istockphoto.com/br

(Li-ion) conseguem estocar uma grande quantidade de energia, mas não duram muito tempo, dez anos em média. A boa notícia: são recicláveis.

O Brasil caminha devagar nessa direção. Como a maioria dos carros são fabricados fora do país, o custo de importação acaba se tornando muito alto. Mesmo os fabricados no Brasil têm um preço fora da realidade de muitos brasileiros. Embora alguns estados concedam isenção no IPVA, apenas um pequeno grupo consegue adquirir os modelos "verdes", como são chamados os carros elétricos. Nossa esperança é de que esse quadro mude em um período curto de tempo e, dentro de cinco ou dez anos, tornem-se mais acessíveis e compatíveis com a nossa realidade. Um horizonte de esperança vem sendo construído. Já existem diversos eletropostos espalhados pelo Brasil e o Programa Rota 2030,[111] que determina novas regras de segurança e eficiência energética das fabricantes, desconto no Imposto de Renda para quem fizer investimentos estratégicos em tecnologia, investindo cada vez mais em energia limpa, e desconto de IPI sobre os modelos elétricos. A alíquota será definida de acordo com a eficiência energética: quanto maior, menor o imposto.

Tudo isso amplia de forma considerável esse horizonte de expectativas.

Meio Ambiente e o Mercosul

O Tratado de Assunção (Tratado Mercosul), firmado em 26 de março de 1991, entre Argentina, Brasil, Paraguai e Uruguai regula a preservação do meio ambiente.

No decorrer do processo de integração, os trabalhos da REMA e, posteriormente, do Subgrupo nº 6, demonstraram a necessidade

---

111. O Sumário Executivo de Medida Provisória traz, no Resumo das Disposições, o seguinte: "A Medida Provisória (MPV) nº 843, de 5 de julho de 2018, institui nova política industrial para o setor automotivo, com fulcro em três medidas: (i) estabelecimento de requisitos obrigatórios a serem observados pelas empresas que comercializarem ou importarem veículos novos no País; (ii) instituição do Programa Rota 2030 – Mobilidade e Logística; e (iii) instituição do regime tributário de autopeças não produzidas (sem capacidade de produção nacional equivalente)."

de regulamentação específica de matéria ambiental, o que gerou o Protocolo Adicional do Meio Ambiente, as discussões sobre o Protocolo Adicional resultaram no atual Acordo Quadro Sobre Meio Ambiente.

MERCOSUL/CMC/DEC. Nº 02/01

ACORDO-QUADRO SOBRE MEIO AMBIENTE DO MERCOSUL

TENDO EM VISTA:

O Tratado de Assunção, o Protocolo de Ouro Preto, a Resolução nº 38/95 do Grupo Mercado Comum e a Recomendação nº 01/01 do SGT nº 6 "Meio Ambiente".

CONSIDERANDO:

A importância da temática ambiental na agenda de consolidação e aprofundamento do MERCOSUL;

Que é fundamental possibilitar o desenvolvimento sustentável mediante a cooperação entre os Estados Partes do MERCOSUL com vistas à melhoria da qualidade ambiental na região;

A necessidade de contar com um marco jurídico para regulamentar as ações de proteção do meio ambiente e conservação dos recursos naturais do MERCOSUL.

Art. 5º

Os Estados Partes cooperarão no cumprimento dos Acordos Internacionais que contemplem matéria ambiental dos quais sejam parte. Esta cooperação poderá incluir, quando se julgar conveniente, a adoção de políticas comuns para a proteção do meio ambiente, a conservação dos recursos naturais, a promoção do desenvolvimento sustentável, a apresentação de comunicações conjuntas sobre temas de interesse comum e o intercâmbio de informações sobre posições nacionais em foros ambientais internacionais.

Art. 6º

Os Estados Partes aprofundarão a análise dos problemas ambientais da sub-região, com a participação dos organismos nacionais competentes e das organizações da sociedade civil, devendo implementar, entre outras, as seguintes ações:

a) incrementar o intercâmbio de informação sobre leis, regulamentos, procedimentos, políticas e práticas ambientais, assim como seus aspectos sociais, culturais, econômicos e de saúde, em particular aqueles que possam afetar o comércio ou as condições decompetitividade no âmbito do MERCOSUL;

b) incentivar políticas e instrumentos nacionais em matéria ambiental, buscando otimizar a gestão do meio ambiente;

c) buscar a harmonização das legislações ambientais, levando em consideração as diferentes realidades ambientais, sociais e econômicas dos países do MERCOSUL;

d) identificar fontes de financiamento para o desenvolvimento das capacidades dos Estados Partes, visando a contribuir com a implementação do presente Acordo;

e) contribuir para a promoção de condições de trabalho ambientalmente saudáveis e seguras para, no marco de um desenvolvimento sustentável, possibilitar a melhoria da qualidade de vida, o bem-estar social e a geração de emprego;

f) contribuir para que os demais foros e instâncias do MERCOSUL considerem adequada e oportunamente os aspectos ambientais pertinentes;

g) promover a adoção de políticas, processos produtivos e serviços não degradantes do meio ambiente;

h) incentivar a pesquisa científica e o desenvolvimento de tecnologias limpas;

i) promover o uso de instrumentos econômicos de apoio à execução das políticas para o desenvolvimento sustentável e a proteção do meio ambiente;

j) estimular a harmonização das diretrizes legais e institucionais com o objetivo de prevenir, controlar e mitigar os impactos ambientais nos Estados Partes, com especial atenção às áreas fronteiriças;

k) prestar, de forma oportuna, informações sobre desastres e emergências ambientais que possam afetar os demais Estados Partes e, quando possível, apoio técnico e operacional;

l) promover a educação ambiental formal e não formal e fomentar conhecimentos, hábitos de conduta e a integração de valores orientados às transformações necessárias ao alcance do desenvolvimento sustentável no âmbito do MERCOSUL;

m) considerar os aspectos culturais, quando pertinente, nos processos de tomada de decisão em matéria ambiental; e

n) desenvolver acordos setoriais, em temas específicos, conforme seja necessário para a consecução do objetivo deste Acordo.

Art. 7º

Os Estados Partes acordarão pautas de trabalho que contemplem as áreas temáticas previstas como Anexo do presente instrumento, as quais são de caráter

enunciativo e serão desenvolvidas em consonância com a agenda de trabalho ambiental do MERCOSUL.

Fonte:

https://www.mercosur.int/pt-br/documentos-e-normativa/tratados/

Brasil – Decreto Legislativo nº 333 de 24/07/2003

Paraguai – Lei nº 2.068 de 28/01/2003

Argentina – Lei 25.841

Uruguai – Lei 17.712 de 27/11/2003

https://docplayer.com.br/8213502-Acordo-quadro-sobre-meio-ambiente-do-mercosul.html

Acesso 30/06/2019 às 11:02

Acrescentar rodapé e bibliografia

O Mercosul e a União Européia

O Mercosul amplia as exigências de ordem ambiental, estabelecendo normas e certificações, EPD – Declaração Ambiental de produto, como a base legal, ISO 14025, sobre Análise de Ciclo de Vida dos produtos (ACV – Avaliação do Ciclo de Vida), conformidade técnica de requisitos do mercado europeu, ISO – International Organization for Standardization (*)

Superando barreiras técnicas ao comércio e garantindo a aceitação de seus produtos na Comunidade Européia.

Após 20 anos de negociações, O **Mercosul e** a **União Europeia** (UE) finalizaram no dia 29 de junho de 2019, em Bruxelas , o **acordo** bilateral de livre comércio.

(*) Fonte:

Avaliação do Ciclo de Vida (ACV) – Processo de compilação e avaliação de inputs, outputs e dos potenciais impactes ambientais de um sistema de produto ao longo do seu ciclo de vida.

Plataforma da Comissão Europeia para a Avaliação do Ciclo de Vida (tradução livre por não existir a correspondente versão portuguesa do documento) .

www.cepe.org/wp-content/uploads/2018/01/Sustainable-Glossary-PT.pdf

LOGÍSTICA REVERSA

Lixo automotivo é responsabilidade da cadeia produtiva

24 de agosto de 2013

Cid Pavão Barcellos

O Brasil é o quarto maior mercado do mundo em veículos automotivos e ainda não tem uma legislação ou um programa que indique o que será feito com o carro velho. A afirmação do presidente da Federação Nacional da Distribuição de Veículos Automotores (Fenabrave), Flávio Meneghetti, em entrevista à *Folha de São Paulo* [1], traz à tona a urgente necessidade de criação de uma regulamentação sobre o descarte ambientalmente adequado dos veículos automotivos, hoje inexistente.

O país conta com a recente Política Nacional de Resíduos Sólidos (PNRS), Lei 12.305/2010 [2], que estabeleceu a destinação final de resíduos sólidos. Ela traz como um de seus principais instrumentos a implementação da logística reversa, que é o retorno dos produtos à indústria depois do consumo, e a responsabiliza por danos ao meio ambiente causados pelo descarte incorreto do material. Além disso, exige coletas seletivas em todo o país, o fim dos lixões e a responsabilidade compartilhada entre quem fabrica, comercializa e consome o produto, conforme o artigo *Lixo urbano é de responsabilidade da cadeia produtiva* [3].

Entretanto, a nova Política não contempla a regulamentação para automóveis. Pela PNRS, cuja meta é alcançar o índice de reciclagem de 20% em 2015, até 2014 deverão estar cumprindo a logística reversa os fabricantes e comerciantes de agrotóxicos (seus resíduos e embalagens); pilhas e baterias; pneus; óleos lubrificantes (seus derivados e embalagens); lâmpadas fluorescentes, de vapor de sódio e mercúrio e de luz mista; além de produtos eletroeletrônicos e seus componentes.

Em seu artigo *Aplicabilidade da logística reversa automotiva* [4], Pedro Paulo Ayres Pinto considera que a indústria automotiva está enfrentando uma crescente pressão para aplicar "atividades verdes" dentro da gestão da cadeia produtiva. Ayres Pinto afirma que não restam dúvidas que o avanço tecnológico e a utilização de materiais diversificados trouxeram enormes avanços a este setor, entretanto, com as recentes preocupações ambientais, podemos afirmar que o sucesso da indústria automotiva em longo prazo dependerá da capacidade do setor para mixar o seu produto final e a cadeia produtiva, com a garantia de um futuro ecologicamente sustentável, afinal, não é crível desconstruir a tríade referencial de proteção ao meio ambiente, aplicação de recursos sociais e o fator econômico na busca de um desenvolvimento sustentável.

Importância econômica

Os dados econômicos sobre Logística Reversa, aqui apresentada, baseiam-se em estimativas projetadas por algumas pesquisas nos Estados Unidos, e em pesquisas em Logística Reversa de Pós Consumo em alguns setores no Brasil. Como os dados são setoriais e o interesse desta nova área é recente, acreditamos que as estimativas atuais sejam ainda conservadoras. No entanto, pode-se inferir o potencial de ganho e as oportunidades de desenvolvimento nesta nova área.

Nos Estados Unidos, pesquisas estimam em cerca de US$ 35 bilhões os custos de retorno de bens em 1997, ou seja, cerca de 0,5 % do PNB do país, ou 4% dos custos logísticos totais (US$ 862 bilhões em 1997). Somente o mercado de peças de automóveis remanufaturadas neste país foi de US$ 36 bilhões em 1997, de acordo com a Automobile Parts Rebuilders Association, através da atuação de 12 mil empresas de desmontagem de automóveis e de remanufatura de peças em atividade atualmente no país. [5]

A dimensão do problema

De acordo com a Fenabrave, a frota brasileira de carros tem idade média de 12 anos e a situação dos caminhões é ainda mais preocupante, com idade média de 23 anos. E este é um mercado que cresce a cada ano. Segundo a Associação Nacional dos Fabricantes de Veículos Automotores (ANFAVEA), em 2012 foram comercializados 400 mil veículos no país. E a produção anual de veículos cresceu 110% entre 2003 e 2012, com o licenciamento de 20 milhões de novos carros (nacionais e importados) neste período, conforme dados divulgados em reportagem da *Veja* [6].

O grande problema está na forma como o veículo que já não está mais em condições de uso é descartado. Quando não são levados a desmanches, que muitas vezes atuam de forma inadequada, os carros são simplesmente abandonados nas ruas das cidades ou apreendidos por órgãos de trânsito e entulhados em depósitos a céu aberto. Expostos ao tempo, não têm o adequado recolhimento dos fluidos contaminantes, muitas vezes não podem ter seus materiais reaproveitados, além de se tornarem foco para a proliferação de mosquitos, inclusive o da dengue.

Cabe aqui um parêntese: sobre os desmanches, seguiu para apreciação do Senado o Projeto de Lei 23/2011[7], do deputado Armando Vergílio (PSD-GO), aprovado pela Câmara no início de junho de 2013, que disciplina o funcionamento de empresas de desmontagem de veículos.

Retomando, somente na cidade de São Paulo, são abandonados em média 1,5 mil carros por ano, segundo estimativas da prefeitura. Em reportagem, a revista *Veja* [8] revela que a fiscalização recolheu no ano passado uma média de 1,3 mil carcaças, um número recorde na história, segundo a prefeitura paulistana. A burocracia e a multa de R$ 12 mil desestimulam o proprietário a reaver seu bem, que acaba indo para leilão de sucatas. "Um quilo de ferragem é vendido, em média, por 30 centavos", informa a reportagem.

Já em Pernambuco, o Departamento Estadual de Trânsito (DETRAN-PE) passou a reaproveitar para reciclagem os veículos considerados "sucata", passando pelo processo de descontaminação e trituração. Em matéria no portal do órgão [9], a presidente do DETRAN-PE, Fátima Bezerra, estima que com o novo formato vai impedir o reaproveitamento de carcaças para a construção de carros "artesanais" usados de maneira indevida e retirará de circulação uma média de 500 carros das vias a cada ano.

O sucesso do Japão

Uma das experiências mais bem sucedidas em reciclagem automotiva no mundo é a do Japão, que conta com legislação específica e recicla anualmente 3,6 milhões de veículos, ônibus e caminhões. Durante o II Seminário Internacional sobre Reciclagem de Veículos e Renovação de Frota, promovido pela Confederação Nacional do Transporte (CNT), em 2012, empresários japoneses apresentaram detalhes da prática no país.

O artigo [10] sobre o evento informa que, para um automóvel, a taxa média de recuperação é de 95% dos componentes. Além das peças, para um veículo de uma tonelada são reaproveitados, em média, 800 Kg de ferro, 9 Kg de cobre (totalmente reutilizados), 68 Kg de alumínio e 3 g de platina e paládio. Sobram 55 Kg, que são enviados para aterros. O material é reaproveitado e retorna para a cadeia produtiva, gerando crescimento econômico e sustentável. Outra vantagem descrita pelos japoneses é que o preço dos componentes usados representa apenas um terço ou um quinto do valor cobrado pelas peças novas.

Reciclagem na União Europeia

A União Europeia definiu requisitos para fabricantes locais e importadores de veículos para que os novos automóveis tenham a reciclagem simplificada. As regras, que vêm sendo definidas desde 2000, pretendem limitar a produção de resíduos em novos veículos além de intensificar a reutilização, a reciclagem e outras formas de valorização, tanto dos veículos em fim de vida, como de seus componentes.

Os resultados têm sido promissores. A reutilização de componentes e reciclagem veicular se aproxima de sua meta para 2015, que é de 85%, segundo artigo de Pedro Paulo Ayres Pinto [4]. O texto indica que a frota atual dos veículos em circulação nos países membros da Comunidade Europeia já ultrapassa os 238 milhões de veículos. "A comunidade Europeia envia os chamados ELVs (*End Life Veicules*), para encaminhamento de reciclagem com frequência, cerca de 14 milhões de unidades anuais, o que representa uma taxa de aproximadamente 5,9% da frota em circulação", informa.

Está definido que os Estados-membros devem garantir o recolhimento dos resíduos provenientes dos veículos em fim de vida e a sua transferência para instalações de tratamento autorizadas. Com o objetivo de aumentar a taxa de reutilização e valorização (reciclagem, recuperação, regeneração, etc.) dos componentes dos veículos, foram fixadas metas de taxa de reutilização (em massa média por veículo e por ano): 80 % até 1 de Janeiro de 2006 e 85 % até 1 de Janeiro de 2015. Estas normas podem ser examinadas no portal oficial da União Europeia [11].

A informação é um dos mecanismos para garantir a eficiência de todo o processo. Os fabricantes passam a utilizar normas de codificação para identificar componentes e materiais, facilitando o desmantelamento. Os produtores, distribuidores, unidades de desmantelamento e outros envolvidos no processo, deverão publicar as atualizações sobre a concepção dos veículos e componentes, inclusive sobre sua capacidade de valorização e reciclagem; têm que orientar sobre o tratamento dos veículos em fim de vida; e terão que divulgar o desenvolvimento e progressos alcançados na reutilização, reciclagem e valorização dos veículos em fim de vida e seus componentes.

A visão dos Estados Unidos

Nos Estados Unidos não existe uma lei específica para a reciclagem de veículos, mas existem várias regulamentações ambientais que fazem com que os fabricantes gerenciem os resíduos dos veículos em fim de vida útil, segundo o artigo de Daniel E. Castro. [16] Ele observa que, com isso, a maior parte dos veículos é reciclada para recuperar os materiais de grande valor econômico como sucatas metálicas e autopeças.

Mesmo sem a regulamentação, Pedro Paulo Ayres Pinto ressalta em artigo [4] que os EUA reciclam 5,6% de sua frota, obtendo 75% de aproveitamento em matéria prima reutilizada, números que se aproximam daqueles determinados pelas diretrizes europeias. "Com semelhança ao processo Japonês, um acordo setorial entre fabricantes e estados possibilita a troca de veículos velhos por modelos novos e atualizados tecnologicamente e menos poluentes, através de Leis de incentivo, afinal, há muito se percebe a concorrência entre os veículos de fabricação americana e aqueles importados dos países asiáticos" afirma.

O modelo da Argentina

Na América Latina, a maior referência em reciclagem automotiva localiza-se na Argentina: o Centro de Experimentación e

Seguridad Vial (Cesvi), segundo artigo de Sérgio Mindlin [17]. O governo federal criou marcos legais e garantiu recursos necessários para a abertura dos centros especializados em reciclagem em vários pontos do país, o Cesvi, inclusive com o apoio das montadoras.

Segundo Mindlin, os centros de reciclagem remanufaturam peças de 250 carros por mês e, desde 2005, já comercializaram 25 mil peças que, de outra forma, estariam poluindo o solo e a água em algum aterro sanitário. "Para a concessionária ou consumidor final, a peça reciclada custa até 30% menos do que uma nova. Nesse processo, 15 peças são recuperadas por veículo e vendidas separadamente. No entanto, em muitos casos a soma dos preços delas chega a ser maior do que o preço de mercado do carro usado. E este tem sido o maior incentivo à renovação de frota e à participação das montadoras na reciclagem", afirma.

Ao contrário da maioria dos países, onde a motivação para o avanço na reciclagem veicular é ambiental e econômica, na Argentina o motivador foi o crescimento da criminalidade envolvendo o roubo de veículos e a atuação de desmanches ilegais. Além de reduzir drasticamente a taxa de roubo e furto de veículos ao cortar o principal mecanismo de alimentação da indústria de desmanche ilegal, a medida fez cair uma das principais causas de homicídios na Argentina – já que 30% das mortes ocorriam durante assaltos aos motoristas, segundo informa Fabián Pons, diretor do Centro de Experimentação e Segurança Viária (Cesvi Argentina) em artigo do Portal CNseg [18]. "A legislação é amplamente positiva, por combater a indústria de desmanche ilegal e dar destinação aos resíduos sólidos dos veículos segurados que saem de circulação", afirma Pons.

Todo ano o Cesvi Argentina recebe carros condenados, vindos de oito seguradoras, que recebem 40% da receita obtida, segundo reportagem da Revista Quatro Rodas [19], de 2009. Cada veículo é descontaminado e tem até 15 tipos de peças recuperadas. "Só usamos a carroceria e a mecânica motriz", diz Pons. Partes ligadas à segurança, como freios e suspensão, são enviadas para empresas que podem reaproveitar o material, assim como pneus (usados na produção de cimento) e fluidos (queimados em caldeiras). O US$ 1,5 milhão aplicado teve retorno em 30 meses. Na época da reportagem, havia 29 centros legalizados de reciclagem na Argentina.

Brasil tem Norma técnica

No Brasil, 98,5% da frota nacional termina em desmanches e depósitos, segundo estimativa do Sindicato do Comércio Atacadista de Sucata Ferrosa e Não Ferrosa (Sindinesfa). Há poucas iniciativas isoladas, como a experiência de Pernambuco relatada anteriormente.

Para orientar o destino de todos os componentes do automóvel, pode ser observada a norma ABNT NBR 10004:2004 "Resíduos sólidos – Classificação", que define detalhadamente o procedimento para cada elemento. A norma classifica os resíduos sólidos quanto aos seus potenciais riscos ao meio ambiente e à saúde pública, para que possam ser gerenciados adequadamente [20].

Os componentes de um automóvel são classificados em dois tipos:

Classe I

São os resíduos perigosos e devem ter destinação adequada: combustíveis, óleos lubrificantes, fluidos do radiador e freios, baterias e lâmpadas com vapor de mercúrio.

Classe II

São os componentes recicláveis e podem ser reaproveitados (sucata): chapas de aço, plásticos, bancos, tecidos, fios elétricos, vidros e os pneus de borracha.

A reciclagem de veículos se faz em três momentos [13]:

– Descontaminação – retirado do veículo baterias, cilindro de gás, catalisadores, fluídos diversos.

– Compactação – veículo é colocado numa prensa para diminuir o volume. A compactação é importante também para impedir qualquer reuso de peça.

– Trituração – veículo compactado é colocado em super máquinas especiais para serem triturados e ter separados os materiais ferrosos, não ferrosos para serem encaminhados à reciclagem.

No livro *Reciclagem e sustentabilidade na indústria automobilística* [21], Daniel E. Castro elenca os diversos fatores que justificam a necessidade de uma política efetiva de descarte adequado de veículos. "A manutenção de alta carga tributária sobre a sucata, a ausência de programas voltados para a renovação de frota nos quais a reciclagem poderia desempenhar papel importante como ferramenta de apoio e redução de custos, os sucessivos incentivos concedidos às empresas fabricantes de automóveis com pouquíssimas ou nenhuma exigências de práticas de sustentabilidade, a permanência de legislação ineficiente como no caso da baixa de veículos e outros aspectos como a manutenção do IPVA (Imposto sobre a Propriedade de Veículos Automotores) progressivo no caso dos automóveis, onde o carro mais novo paga mais imposto, incentivando a frota mais velha, mais poluente e sujeita a falhas mecânicas e consequentemente com maiores custo e frequência de manutenções continuar a circular".

Possibilidade de regulamentação

Recentemente a Comissão Meio Ambiente e Desenvolvimento Sustentável aprovou proposta que inclui os veículos automotivos e seus componentes entre os produtos sujeitos à logística reversa. A medida altera a Política Nacional de Resíduos Sólidos (Lei 12.305/10) e está prevista no Projeto de Lei 1862/11, do deputado Décio Lima (PT-SC) [12].

Em entrevista à folha do Meio Ambiente [12], o deputado-relator Giovani Cherini (PDT-RS) considera que "aplicando-se a logística reversa aos veículos automotores, a indústria automobilística terá de responder pela destinação final da sucata de seus produtos".

A reportagem informa ainda que Cherini decidiu aproveitar o projeto de Lima, que tramita apensado ao Projeto de Lei 8005/10, do Senado, por considerá-lo mais atualizado. O PL 8005/10 responsabiliza as empresas que fabricam, importam e comercializam vidros automotivos pela coleta e destinação final do produto inutilizado.

Também está sendo examinando o projeto (PLS 67/2013) [14] do senador Vital do Rêgo (PMDB-PB), que insere modificação na Lei de Resíduos Sólidos e que obriga fabricantes, importadores, distribuidores e comerciantes a implementar sistemas para recolher automóveis, de transporte de carga ou de passageiros, após o uso pelo consumidor.

Pelo texto da proposição "o uso pelo consumidor dos veículos automotores se encerra quando estes não apresentam condições para a circulação, em consequência de acidente, avaria, mau estado, degradação, abandono ou outro motivo."

Em seus argumentos, o senador defende que a logística reversa de veículos já é realidade nos Estados Unidos, no Japão e na Europa, aonde o reaproveitamento dos carros chega a 95%. "Já o Brasil, apesar de ter ótimos indicadores de reciclagem em materiais como papel, alumínio e vidro, apenas 1,5% da frota de veículos que sai de circulação vai para a reciclagem, segundo estimativa do Sindicato do Comércio Atacadista de Sucata Ferrosa e Não Ferrosa (Sindinesfa)".

A reportagem do Portal de Notícias do Senado [15] informa que o relator, senador Ivo Cassol (PP-RO), considera a logística reversa imprescindível por causa da política de transporte que tem prevalecido no país, com ênfase no transporte rodoviário de cargas e na solução individual para mobilidade urbana. O projeto receberá decisão terminativa na Comissão de Meio Ambiente, Defesa do Consumidor e Fiscalização e Controle (CMA), norma regimental que permite o envio da proposição para a Câmara dos Deputados caso seja aprovada e não haja recurso para exame pelo Plenário do Senado.

Isenção como incentivo

No Brasil, a concessão de benefícios tributários ou fiscais possui limitação constitucional (artigo 150, parágrafo 6º, da Constituição Federal) [22] ,de modo que somente uma lei específica pode concedê-los, de sorte a trazer transparência e segurança jurídica, livrando o aplicador da lei da tarefa de manusear infindáveis normas espalhadas na legislação ordinária. Cabe, portanto, não só à classe política brasileira, mas também à sociedade organizada, propiciar o surgimento de ambiente legislativo que viabilize a criação de norma legal específica que desonere fiscalmente as montadoras e demais elos da cadeia produtiva que aderirem à nova postura de reciclagem veicular.

Considerações finais

Em face à realidade existente no Brasil e a dimensão do problema que envolve questões econômicas, ambientais, de saúde e de segurança, e ainda analisando as soluções aplicadas pelo Japão, União Europeia, Estados Unidos e nossa vizinha Argentina, consideramos que as soluções adequadas à realidade brasileira vão muito além da logística reversa de veículos.

Ao avaliar o conjunto de informações sobre as diversas medidas desenvolvidas no Brasil e em outros países, em nosso entendimento a mais perfeita solução seria a aplicação da logística reversa em sintonia com a norma técnica ABNT-NBR 10004:2004, que determina detalhadamente a destinação de todos os componentes veiculares. Justaposto a isto, empregar as idéias de reciclagem do Japão, EUA e da Argentina, que parecem ser bastante adequadas à nossa realidade.

Medidas como incentivo tributário para montadoras e demais elos da cadeia produtiva que adotarem a nova norma, seriam também bem-vindas. Além do benefício fiscal, elas seriam e diferenciadas por um "selo verde da reciclagem ambiental". Somente com empenho, agregando o conjunto de informações observadas em toda parte do planeta, podemos resolver este grande problema existente em nosso país.

Fontes:

[1] RIBEIRO, Ricardo. Brasil estuda criar programa de reciclagem de veículos. Folha de S. Paulo, 11 de fevereiro de 2013. Disponível no site www.folha.com.br/no1229072 . Data de acesso: 14/06/2013

[2] Texto da LEI Nº 12.305 disponível no link: www.planalto.gov.br/ccivil_03/_ato2007-2010/2010/lei/l12305.htm. Data de acesso: 21/06/2013

[3] BARCELLOS, Cid Pavão. Lixo automotivo é responsabilidade da cadeia produtiva. Revista Consultor Jurídico, 24 de agosto de 2013. Disponível no site www.conjur.com.br/2013-ago-24/cid-barcellos-lixo-automotivo-responsabilidade-cadeia-produtiva. data de acesso 16/07/2020.

[4] PINTO, Pedro Paulo Ayres. Aplicabilidade da logística reversa automotiva. Portal Âmbito Jurídico. Disponível no site www.ambito-juridico.com.br/site/?n_link=revista_artigos_leitura&artigo_id=12245. Data de acesso: 14/06/2013

[5] ROGERS, Dale S., TIBBEN-LEMBKE, Ronald S.. Going Backwards: Reverse Logistics Trends and Practices. Reno, University of Nevada: 1999.

[6] OTOBONI, Jéssica. A conta não fecha: recalls crescem mais do que número de carros. Revista Veja, 16 de junho de 2013. Disponível no

sitehttp://veja.abril.com.br/noticia/economia/a-conta-nao-fecha-recalls-crescem-mais-do-que-numero-de-carros. Data de acesso: 16/06/2013

[7] Texto do Projeto de Lei PL 23/2011 disponível no link: www.camara.gov.br/proposicoesWeb/fichadetramitacao?idProposicao=490919 .Data de acesso: 14/06/2013

[8] ARAÚJO, Pedro Henrique. Frota de carros abandonados cresce na cidade. Revista Veja São Paulo, 16 de março de 2012. Disponível no site http://vejasp.abril.com.br/materia/carros-abandonados. Data de acesso: 16/06/2013

[9] Imprensa Detran-Pe. DETRAN passa a reciclar sucatas de veículos apreendidos. Portal Detran-PE. Disponível no site www.detran.pe.gov.br/index.php?option=com_content&view=article&id=2450:detran-passa-a-reciclar-sucatas-de-veiculos-apreendidos&catid=2:transito&Itemid=256 . Data de acesso: 15/06/2013

[10] STREIT, Rosalvo. Japão recupera 95% dos componentes de veículos reciclados. Agência CNT de Notícias, 15 de março de 2012. Disponível no sitewww.cnt.org.br/Paginas/Agencia_Noticia.aspx?n=8111. Data de acesso: 15/06/2013

[11] Gestão de veículos em fim de vida / Sínteses da legislação da UE. Portal Oficial da União Europeia, 26 de setembro de 2011. Disponível no sitehttp://europa.eu/legislation_summaries/environment/waste_management/l21225_pt.htm . Data de acesso: 19/07/2013

[12] GORGULHO, Silvestre. Logística reversa de veículos no Brasil. Folha do Meio Ambiente, 20 de abril de 2013. Disponível no sitewww.folhadomeio.com.br/publix/fma/folha/2013/04/lata239.html Data de acesso: 14/06/2013

[13] Texto do Projeto de Lei PL 1862/2011 disponível no link:http://www.camara.gov.br/proposicoesWeb/fichadetramitacao?idProposicao=512652. Data de acesso: 14/06/2013

[14] Texto do Projeto de Lei PLS 67/2013 disponível no link:http://www.senado.gov.br/atividade/materia/getPDF.asp?t=123410&tp=1. Data de acesso: 14/06/2013

[15] COSTA, Denise. Fabricantes poderão ser obrigados a recolher componentes de automóveis fora de circulação. Agência Senado, 02 de maio de 2013. Disponível no sitewww12.senado.gov.br/noticias/materias/2013/05/02/fabricantes-poderao-ser-obrigados-a-reco-

lher-componentes-de-automoveis-fora-de-circulacao Data de acesso: 14/06/2013

[16] CASTRO, Daniel E. A reciclagem de veículos leva a um novo modelo econômico sustentável, diz especialista. Agência CNT de Notícias, 14 de março de 2013. Disponível no site: www.cnt.org.br/Paginas/Agencia_Noticia.aspx?n=8816. Data de acesso: 20/07/2013

[17] MINDLIN, Sérgio. Sérgio Mindlin comenta: "Reciclagem de veículos começa a ser discutida no Brasil". Portal Instituto Ethos. Disponível no site:www1.ethos.org.br/EthosWeb/pt/2771/servicos_do_portal/noticias/itens/sergio_mindlin_comenta_%E2%80%9Creciclagem_de_veiculos_comeca_a_ser_discutida_no_brasil%E2%80%9D_.aspx. Data de acesso: 19/07/2013

[18] Experiência argentina mostra vantagens da reciclagem de veículos. Portal da Confederação Nacional das Empresas de Seguros Gerais, Previdência Privada e Vida, Saúde Suplementar e Capitalização (CNseg), 28 de Maio de 2013. Disponível no sitewww.cnseg.org.br/cnseg/servicos-apoio/noticias/experiencia-argentina-mostra-vantagens-da-reciclagem-de-veiculos.html . Data de acesso: 19/07/2013.

[19] PITTA, Iuri. Vizinho exemplar. Revista Quatro Rodas, agosto de 2009. Disponível no sitewww.planetasustentavel.abril.com.br/noticia/desenvolvimento/reciclagem-argentina-lei-automovel-489060.shtml . Data de acesso: 19/07/2013.

[20] Norma Técnica ABNT NBR 10004:2004. ABNT Catálogo. Portal da Associação Brasileira de Normas Técnicas. Disponível no site www.abntcatalogo.com.br/norma.aspx?ID=936 . Data de acesso: 19/07/2013.

[21] CASTRO, Daniel E. Reciclagem e sustentabilidade na indústria automobilística, Belo Horizonte, [s.n.], 2012.

[22] BARROSO, Darlan; ARAUJO JUNIOR, Marco Antonio - Vade Mecum – 5. Ed. rev., ampl. e atual. – São Paulo : Editora Revista dos Tribunais, 2013. – (Coleção RT Códigos)

Cid Pavão Barcellos é advogado, sócio do escritório Barcellos Advogados Associados, pós-graduado em Processo Civil pela PUC-SP e em Direito Ambiental pelo Senai, ex-delegado de Polícia e doutorando pela universidade UMSA.

Revista **Consultor Jurídico**, 24 de agosto de 2013, 8h03

REFERÊNCIAS BIBLIOGRÁFICAS

Direito Ambiental

ANTUNES, Paulo de Bessa. **Direito ambienta**l. 12. ed. Rio de Janeiro: Lúmen Juris, 2009.

ÁVILA, Humberto. **Teoria dos princípios:** da definição à aplicação dos princípios jurídicos. 4. ed. São Paulo: Malheiros, 2005.

BELTRÃO, Antonio F. G. **Curso de Direito Ambiental**. São Paulo: Método, 2014.

BOTASSI, Carlos. **El Derecho Ambiental en Argentina**. Disponível em: <http://www.corteidh.or.cr/tablas/r27224.pdf>. Acesso em: 3 jul. 2018.

COSTA, Roberta Pereira Negrão. **Proporcionalidade:** uma clarificação do conceito. Disponível em: https://seer.agu.gov.br/index.php/AGU/article/view/256. Acesso em: 25 jun. 2018.

DIAS, Genebaldo Freire. **Educação Ambiental: princípios e práticas**. 8. ed. São Paulo: Gaia, 2003.

FIGUEIREDO, Guilherme José Purvin de. **Curso de Direito Ambiental**. 6. ed. São Paulo: Revista dos Tribunais, 2013.

FIORILLO, Celso Antonio Pacheco. **Curso de Direito Ambiental brasileiro**. 7. ed. São Paulo: Saraiva, 2006.

FREIRE, Paulo. **Pedagogia da autonomia**. 25. ed. Rio de Janeiro: Paz e Terra, 1996.

______. **Pedagogia da esperança:** um reencontro com a pedagogia do oprimido. Rio de Janeiro: Paz e Terra, 1992.

______. **Pedagogia do oprimido**. 17. ed. Rio de Janeiro: Paz e Terra, 1987.

GONÇALVES, Carlos Roberto. **Direito das obrigações: parte especial:** responsabilidade civil. 8. ed. São Paulo :Saraiva, 2011. v. 6, t. 2 (Coleção Sinopses Jurídicas)

GRANZIERA, Maria Luiza Machado. **Direito Ambiental**. São Paulo: Atlas, 2009.

GRECO, Rogério. **Curso de Direto Penal:** arte geral. 15. ed. Rio de Janeiro: Impetus, 2013.

MACHADO, Paulo Affonso Leme. **Direito Ambiental brasileiro**. 18. ed. São Paulo: Malheiros, 2010.

______. Poluição por Resíduos Sólidos: Implicações Jurídicas. **Revista DAE**, edição nº 115, p. 55-9, 1968. Disponível em: <http://revistadae.com.br/artigos/artigo_edicao_115_n_269.pdf>. Acesso em: 2 jul. 2018.

MAZZA, Alexandre; ALMEIDA, André Luiz Paes de Almeida. **Vade Mecum Ambiental.** São Paulo: Rideel, 2011.

MILARÉ, Édis. **Direito do Ambiente:** a gestão ambiental em foco. 6. ed. São Paulo: Revista dos Tribunais, 2009.

MILARÉ, Édis. **Dicionário de direito ambiental.** 1 ed – São Paulo : revista dos Tribunais, 2015.

MOURA, Antonio Abdalla de. **Economia ambiental:** gestão de custos e investimentos. 3. ed. rev. e atual. São Paulo: Juarez de Oliveira, 2006.

REIGOTA, Marcos. **O que é educação ambiental**. 2. ed. São Paulo: Brasiliense, 2009.

SARLET, Ingo Wolfgang. **Dignidade da pessoa humana e direitos fundamentais na Constituição Federal de 1988**. 4. ed. Porto Alegre: Livraria do Advogado, 2006.

SILVA, Oscar Joseph de Plácido e. **Vocabulário jurídico**. 28. ed. São Paulo: Forense, 2009.

SIRVINSKAS, Luís Paulo. **Manual de Direito Ambiental.** 13. ed. São Paulo: Saraiva, 2015.

Engenharia Automotiva/Ambiental/Tecnológica

ABNT NBR ISO 14044. **Gestão ambiental – Avaliação do ciclo de vida** – Requisitos e orientações. Brasil, 2009a.

ASSOCIAÇÃO BRASILEIRA DE NORMAS TÉCNICAS (ABNT). NBR ISO 14044: **Gestão Ambiental – Avaliação do ciclo de vida** – Requisitos e Orientações. Brasil, 2009b.

ABNT NBR ISO 14040. **Gestão ambiental – Avaliação do ciclo de vida** – Princípios e estrutura. Brasil, 2009.

BELLIA, Vitor. **Introdução à economia do meio ambiente**. Brasília: Ibama, 1996.

BREZET, J. C. et al. **PROMISE Handleiding voor Milieugerichte Produkt Ontwikkeling** (PROMISE Manual for Environmentally Focused Product Development). SDU Uitgeverij, The Hague, Holanda, 1994.

BRUXEL, Eduardo; ETCHEPARE, Helio Dorneles; BRANDT, Elio Almiro. Viabilidade econômica de utilização do ecodesign na diminuição do impacto ambiental no beneficiamento de gemas. **Anais do IV Congresso Nacional de Excelência em Gestão – CNEG**, Niterói, RJ, 2008.

CANCELIER, Janete Webler; JACOSKI, Cláudio Alcides; CANCELIER, Adriano. A busca da sustentabilidade, uma avaliação dos aspectos sociais e econômicos. **I Simpósio Internacional de Ciências Integradas da UNAERP** – Campus Guarujá, 2004.

COSTA, Lucio Augusto Villela da; IGNÁCIO, Rozane Pereira. Relações de consumo x meio ambiente: em busca do desenvolvimento sustentável. Âmbito Jurídico, Rio Grande, XIV, nº 95, dez. 2011. Disponível em: <http://www.ambitojuridico.com.br/site/?artigo_id=10794&n_link=revista_artigos_leitura>. Acesso em: 2 fev. 2015.

COUTER, S.; BRÁS, B.; FOLEY, C. ***A lexicon of green engineering terms.*** ICED 95 Praga, Ago. 1995.

COUTER, S.; BRÁS, B.; WINSLOW, G.; YESTLER, S. ***Designing for Material Separation:*** *lessons from automotive recycling*. Georgia Institute of Technology, EUA, 1996.

FARRINGTON, S. D.; WINSLOW, G.; YESTLER, S.; COULTER, S. Designing for recycling. **Revista Automotive Engineering**, p. 46-48, Ago. 1997.

FERNANDES, Francisco Rego Chaves et al. **Tendências tecnológicas Brasil 2015**. Geociências e Tecnologia Mineral. 2007.

FERREIRA, Alexandre Rodrigues; DE MORAES, João Daniel; GODOY, Leoni Pentiado. A competitividade das organizações sob a ótica interativa de cadeias produtivas sustentáveis e ecodesign. **Anais do IV Congresso Nacional de Excelência em Gestão – CNEG**, Niterói, RJ, 2008.

FIKSEL, Josef. Design for environment: creating eco-efficient products and processes. **Manuales de McGraw-Hill de ingenieria y ciencia**. McGraw-Hill, 1996.

GOEDKOOP, M.; SPRIENSMA, R. **The Eco-Indicator 99.** A Damage--oriented Method for Life Cycle Impact Assessment. Methodology Report. 2. ed., Version 17 abr. 2000.

GOMES, D. E. B. **Estudo sobre a reciclagem de materiais automotivos.** Relatório de Iniciação Científica, conduzida por Heloísa V. Medina em 2000/2001, resumo publicado nos Anais da IX Jornada de Iniciação Científica do CETEM, sob o título: **Estudo sobre a reciclagem na indústria automotiva e sua inserção em um ambiente virtual de ensino.** Rio de Janeiro, 2011.

HEMEL C. G. V.; KELDMANN T. **Applying DFX Experiences in Design for Environment.** Design for X: Concurrent Engineering Imperatives, Chapmann & Hall, Londres, 1996. p. 72-95.

JOHANSSON, Glenn. Success factors for integration of ecodesign in product development: a review of state of the art. **Environmental Management and Health**, v. 3, nº 1, p. 98-107, 2002.

LANGER, Eduardo. **Aspectos do ecodesign e do ciclo de vida do produto para o consumo consciente**. 2011. Disponível em: <http://www.lume.ufrgs.br>. Acesso em: 1º jun. 2014.

LOPES, Adriana Antunes. **Estudo da gestão e do gerenciamento**. 2003. Tese (Doutorado em Ciência Ambiental) – Universidade de São Paulo, 2003.

MEDINA, Heloísa Vasconcellos. **A análise de ciclo de vida aplicada à pesquisa e desenvolvimento de eco materiais no Brasil**. 2005. Disponível em: <http://www.cetem.gov.br>. Acesso em: 30 maio 2014.

______. **O projeto e a difusão dos novos materiais na industria automobilística.** 2000. Tese (Doutorado em Engenharia de Produção) – COPPE/Universidade Federal do Rio de Janeiro, 28 fev. 2000, Rio de Janeiro. 166 p.

______. **Les nouveaux matériaux: l'innovation comme um enjeu stratégique pour les constructeurs automobile: le cas Renault.** Actes du GERPISA, nº 32, dec., editado por CCFA Comité des Constructeurs Français d'Automobile, Paris.

______. **L'industrie automobile se réorganise pour le recyclage.** Artigo apresentado e publicado nos anais do IX International Colloquium of GERPISA, realizado em 6-8 jun. 2001, Paris.

MEDINA, Heloisa Vasconcellos; GOMES, Dennys Enry Barreto. **Reciclagem de automóveis**: estratégias, práticas e perspectivas. CETEM, 2003.

MEDINA, Heloisa Vasconcellos; NAVEIRO, Ricardo M. **Eco-Design**: critérios ambientais no desenvolvimento de projetos automotivos. 2008. Disponível em: <http://www.cetem.gov.br>. Acesso em: 7 maio 2014.

PLATCHECK, Elizabeth Regina. **Metodologia de ecodesign para o desenvolvimento de produtos sustentáveis**. Porto Alegre, 2003. Disponível em: <http://www.ndsm.ufr-gs.br>. Acesso em: 30 jun. 2014.

RIEGEL, Izabel Cristina; STAUDT, Daiana; DAROIT, Doriana. Identification of environmental aspects associated to the production of perfumery packaging: contribution to sustainable projects. **Gestão & Produção**, v. 19, no3, p. 633-645, 2012.

ULBANERE, Rubens Carneiro; DE SOUZA, Cássio Daniel. A busca da sustentabilidade: uma avaliação dos aspectos sociais e econômicos. **Simpósio Internacional de Ciências Integradas da UNAERP campus Guarujá**. 2004. Disponível em: <http://www.unaerp.br>. Acesso em: 5 jun. 2014.

VENZKE, Cláudio Senna. **Ecodesign:** projeto para o meio ambiente, Análise do Ciclo de Vida. Porto Alegre, 2000.

VILAÇA, Paula Carolina. **Technology roadmapping (Trm) no contexto do ecodesign**: um estudo de caso da madeira plástica. 2010.

Bibliografia de sites da internet

Ação Civil Pública. Lei nº 7.347, de 24 de julho de 1985. Disponível em: <http://www.planalto.gov.br/Ccivil_03/Leis/L7347orig.htm>. Acesso em: 20 jun. 2018.

Associação Brasileira das Indústrias de Vidro. ABIVIDRO. Disponível em: <https://www.abividro.org.br/>. Acesso em: 26 jun. 2018.

Associação Nacional dos Fabricantes de Veículos Automotores. ANFAVEA. Disponível em: <http://www.anfavea.com.br/>. Acesso em: 30 jun. 2018.

Asociación de Fabricantes de Automotores. ADEFA. Disponível em: <http://www.adefa.org.ar/es/index.php>. Acesso em: 5 jul. 2018.

Centro de Reciclado y Venta de Repuestos Legales. CESVIAUTO. Disponível em: <http://www.cesviauto.com.ar/>. Acesso em: 5 jul. 2018.

Código Civil. Lei nº 10.406, de 10 de janeiro de 2002. Disponível em: <http://www.planalto.gov.br/ccivil_03/Leis/2002/l10406.htm>. Acesso em: 17 jun. 2018.

Código de Defesa do Consumidor. Lei nº 8.078, de 11 de setembro de 1990. Disponível em: <http://www.planalto.gov.br/ccivil_03/Leis/l8078.htm>. Acesso em: 17 jun. 2018.

Código Penal Brasileiro. Decreto-lei nº 2.848, de 7 de dezembro de 1940. Disponível em: <http://www.planalto.gov.br/ccivil_03/decreto-lei/Del2848compilado.htm>. Acesso em: 17 jun. 2018.

Conselho Nacional do Meio Ambiente. CONAMA. Disponível em: <http://www.mma.gov.br/port/conama/>. Acesso em: 29 jun. 2018.

Constituição Política do Império do Brazil (de 25 de março de 1824). Disponível em: <http://www.planalto.gov.br/ccivil_03/constituicao/constituicao24.htm>. Acesso em: 5 jul. 2018.

Constituição da República dos Estados Unidos do Brasil (de 24 de fevereiro de 1891). Disponível em: <http://www.planalto.gov.br/ccivil_03/constituicao/constituicao91.htm>. Acesso em: 5 jul. 2018.

Constituição da República dos Estados Unidos do Brasil (de 10 de novembro de 1937). Disponível em: <http://www.planalto.gov.br/ccivil_03/constituicao/constituicao37.htm>. Acesso em: 5 jul. 2018.

Constituição da República dos Estados Unidos do Brasil (de 18 de setembro de 1946). Disponível em: <http://www.planalto.gov.br/ccivil_03/constituicao/constituicao46.htm>. Acesso em: 5 jul. 2018.

Constituição da República Federativa do Brasil de 1967. Disponível em: <http://www.planalto.gov.br/ccivil_03/constituicao/constituicao67.htm>. Acesso em: 5 jul. 2028.

Constituição da República Federativa do Brasil de 1988. Disponível em: <http://www.planalto.gov.br/ccivil_03/constituicao/constituicao.htm>. Acesso em: 5 jul. 2018.

Constitución de la Nación Argentina. Lei nº 24.430, de 15 de dezembro de 1994. Disponível em: <http://servicios.infoleg.gob.ar/infolegInternet/anexos/0-4999/804/norma.htm>. Acesso em: 3 jul. 2018.

Convenção de Basileia. Disponível em: <http://www.mma.gov.br/cidades-sustentaveis/residuos-perigosos/convencao-de-basileia>. Acesso em: 5 jul. 2018.

Desmontagem de Veículos Automotores Terrestres. Lei nº 12.977, de 20 de maio de 2014. Disponível em: <http://www.planalto.gov.br/ccivil_03/_ato2011-2014/2014/lei/l12977.htm>. Acesso em: 3 jul. 2018.

Directive 2000/53/EC of the European Parliament and of the Council. Disponível em: <https://eur-lex.europa.eu/LexUriServ/LexUriServ.

do?uri=CONSLEG:2000L0053:20050701:EN:PDF>. Acesso em: 4 jul. 2018.

Diretrizes Curriculares Nacionais. DCN. Disponível em: <http://portal.mec.gov.br/component/content/article?id=12991>. Acesso em: 22 jun. 2018.

Encíclica do Papa Francisco. Disponível em: <http://w2.vatican.va/content/francesco/pt/encyclicals/documents/papa-francesco_20150524_enciclica-laudato-si.html>. Acesso em 28 jun. 2018.

Instituto Brasileiro do Meio Ambiente e dos Recursos Naturais Renováveis. IBAMA. Disponível em: <http://www.ibama.gov.br/>. Acesso em: 30 jun. 2018.

Instituto Socioambiental dos Plásticos. PLASTIVIDA. Disponível em: <http://www.plastivida.org.br/index.php?lang=pt>. Acesso em: 29 jun. 2018.

Lei das Diretrizes Bases. LDB. Lei nº 9.394, de 20 de dezembro de 1996. Disponível em: <http://www.planalto.gov.br/ccivil_03/LEIS/l9394.htm>. Acesso em: 1º jul. 2018.

Ministério da Educação. MEC. Disponível em: <https://www.mec.gov.br/>. Acesso em: 1º jul. 2018.

Lei de Crimes Ambientais. Lei nº 9.605, de 12 de fevereiro de 1998. Disponível em: <http://www.planalto.gov.br/ccivil_03/LEIS/L9605.htm>. Acesso em: 18 jun. 2018.

Parâmetros Curriculares Nacionais. PCN. Disponível em: <http://portal.mcc.gov.br/programa-saude-da-escola/195-secretarias-112877938/seb-educacao-basica-2007048997/12598-publicacoes-sp-265002211>. Acesso em: 22 jun. 2018.

Política Nacional de Resíduos Sólidos. Lei nº 12.305, de 2 de agosto de 2010. Disponível em: <http://www.mma.gov.br/port/conama/legiabre.cfm?codlegi=636>. Acesso em: 19 jun. 2018.

Política Nacional do Meio Ambiente. Lei nº 6.938, de 31 de agosto de 1981. Disponível em: <http://www.planalto.gov.br/ccivil_03/Leis/L6938.htm>. Acesso em: 2 jul. 2018.

Programa de Defesa do Complexo de Ecossistemas da Amazônia Legal (Programa Nossa Natureza). Decreto nº 96.944, de 12 de outubro de 1988. Disponível em: <http://www.planalto.gov.br/ccivil_03/decreto/1980-1989/D96944.htm>. Acesso em: 19 jun. 2018.

Projeto Costurando o Futuro. Disponível em: <http://fundacaovolkswagen.org.br/projetos/costurando-o-futuro/>. Acesso em: 1º jul. 2018.

Reciclagem de Automóveis. Disponível em: <https://maua.br/files/monografias/completo-reciclagem-automoveis-161657.pdf>. Acesso em 2019.

Regulamento para o Transporte Rodoviário de Produtos Perigosos. Decreto nº 96.044, de 18 de maio de 1988. Disponível em: <http://www.planalto.gov.br/ccivil_03/decreto/antigos/d96044.htm>. Acesso em: 15 jun. 2018.

Sindicato das Empresas de Sucatas de Ferro e Aço. SINDINESFA. Disponível em: <http://www.sindinesfa.org.br/>. Acesso em: 2 jul. 2018.

Sistema Nacional do Meio Ambiente. SISNAMA. Disponível em: <http://www.mma.gov.br/governanca-ambiental/sistema-nacional-do-meio-ambiente>. Acesso em: 5 jul. 2018.

ÍNDICE DE FIGURAS

LETRAS Jurídicas

Letrasdo Pensamento

QUEM SOMOS

As Editoras LETRAS JURÍDICAS e LETRAS DO PENSAMENTO, com 22 anos no mercado ***Editorial e Livreiro*** do país, são especializadas em publicações jurídicas e literatura de interesse geral, destinadas aos acadêmicos, aos profissionais da área do Direito e ao público em geral. Nossas publicações são atualizadas e abordam temas atuais, polêmicos e do cotidiano, sobre as mais diversas áreas do conhecimento.

As Editoras LETRAS JURÍDICAS e LETRAS DO PENSAMENTO recebem e analisam, mediante supervisão de seu Conselho Editorial: **artigos, dissertações, monografias e teses jurídicas** de profissionais dos Cursos de: ***Graduação, de Pós-Graduação, de Mestrado e de Doutorado, na área do Direito e na área técnica universitária, além de obras na área de literatura e de interesse geral.***

Na qualidade de ***Editora Jurídica e de Interesse Geral***, mantemos uma relação em nível nacional com os principais ***Distribuidores e Livreiros do país***, para divulgarmos e para distribuirmos as nossas publicações em todo o território nacional. Temos ainda relacionamento direto com as principais ***Instituições de Ensino, Bibliotecas, Órgãos Públicos, Cursos Especializados de Direito*** e todo o segmento do mercado.

Participações em Feiras **Nacionais e Internacionais.**

NOVIDADE!!! O Autor (a) da LJ/LP terá uma página exclusiva para inserir sua biografia, fotos, vídeos e artigos de sua área e artigos em geral, para interagir com o leitor e ganhar maior visibilidade no mercado.

Na qualidade de editora prestadora de serviços, oferecemos os seguintes serviços editoriais:

- ✓ Análise e avaliação de originais para publicação;
- ✓ Redação, Revisão, Edição e Preparação de Texto;
- ✓ Assessoria Técnica Editorial;
- ✓ Cadastro do ISBN – CBL e SNEL;
- ✓ Ficha catalográfica – CBL e SNEL;
- ✓ Design e montagem da Arte de capa;
- ✓ Digitação e Diagramação de textos;
- ✓ Direitos Autorais: Consultoria e Contratos;
- ✓ Elaboração de sumários, de índices e de índice remissivo;
- ✓ Fotografia: Escaneamento de material fotográfico;
- ✓ Fotografia: Escaneamento de material fotográfico;
- ✓ Gráficas – Pré-Impressão, Projetos e Orçamentos;
- ✓ Ilustração: projeto e arte final;
- ✓ Áudio Books;
- ✓ Livros Digitais, formatos E-book e Epub;
- ✓ Organização de Lançamentos, eventos, palestras e workshops;
- ✓ Pesquisa Editorial CBL e SNEL.
- ✓ Peças Publicitárias - Banners, Cartazes, Convite de Lançamento, Folhetos, Marcadores de Página e peças em geral de divulgação e publicidade.

Nesse período a ***Editora*** exerceu todas as atividades ligadas ao setor **Editorial/Livreiro** do país. É o marco inicial da profissionalização e de sua missão, visando exclusivamente ao cliente como fim maior de seus objetivos e resultados.

"NOSSAS MARCAS MOSTRAM AS LETRAS DO FUTURO"

O EDITOR

A Editora reproduz com exclusividade todas as publicações anunciadas para empresas, entidades e/ou órgãos públicos. Entre em contato para maiores informações.
Nossos sites: www.letrasjuridicas.com.br e www.letrasdopensamento.com.br
E-mails: comercial@letrasjuridicas.com.br e comercial@letrasdopensamento.com.br
Telefone/fax: (11) 3107-6501 – 99352-5354